THE MINORITY ECONOMICS OF
MONEY AND BANKING

少数派货币金融学

董广宇◎著

·北京·

图书在版编目（CIP）数据

少数派货币金融学 / 董广宇著. —北京：中国经济出版社，2024.5
ISBN 978-7-5136-7727-1

Ⅰ.①少… Ⅱ.①董… Ⅲ.①货币和银行经济学-研究 Ⅳ.①F820

中国国家版本馆 CIP 数据核字（2024）第 070459 号

责任编辑　严　莉
责任印制　马小宾
封面设计　任燕飞设计室

出版发行	中国经济出版社
印　刷　者	涿州市京南印刷厂
经　销　者	各地新华书店
开　　　本	710mm×1000mm　1/16
印　　　张	13.5
字　　　数	170 千字
版　　　次	2024 年 5 月第 1 版
印　　　次	2024 年 5 月第 1 次
定　　　价	68.00 元

广告经营许可证　京西工商广字第 8179 号

中国经济出版社　网址 http://epc.sinopec.com/epc/　社址 北京市东城区安定门外大街 58 号　邮编 100011
本版图书如存在印装质量问题，请与本社销售中心联系调换（联系电话：010-57512564）

版权所有　盗版必究（举报电话：010-57512600）
国家版权局反盗版举报中心（举报电话：12390）　　服务热线：010-57512564

前　言

少数派与多数派

"此书是少数派,那么,哪些书是多数派?两者之间有什么区别?"我相信绝大多数读者一看到书名,脑海中定会闪现出这个问题。

在货币金融学领域,所谓多数派,是指当今世界所有大学的金融学教材与货币银行学教材。少数派与多数派之间的区别在于,两套理论的底层逻辑没有任何交集,这就导致由此衍生出来的结论或观点在很多时候是背道而驰的。一个最明显的例子是,多数派认为部分准备金制度是合理的,而少数派则认为部分准备金制度是不合理的。

之所以出现少数派,是因为多数派的理论无法完整地、无矛盾地解释诸多经济金融现象。比如,他们总是喜欢用CPI来衡量通货膨胀的程度,但是很明显,这个CPI数据与我们自身感受到的通胀程度不能画等号。问题出在哪里呢?

其实,我们这个世界的经济运作得并不是很好,甚至一点都不好。这个"一点都不好"体现在哪里?几乎所有人都意识到了,那就是收入的增长幅度远远赶不上物价的上涨幅度(特别是房价的上涨幅度)。

那么为什么会出现这种现象呢?许多人认为,是因为货币超发。应该说,这样的一个结论并不算错,但问题在于这些"许多人"对这一现象的思考到此就停止了,即他们没有继续追问下去:既然是货币超发了，那么是谁在超发货币？货币是怎么超发的？超发了多少货币？而这些问题，正是多数派理论无法回答的。（诺贝尔物理学奖得主史蒂文·温伯格曾说：对任何一个现象，只要由浅入深追问六次为什么，就可以达到问题的底层。）

多数派无法回答的这些问题，形成了货币金融领域的空白，为解决这些问题，少数派应运而生。假如你是一个经济学爱好者，同时你也有着上述疑惑，我想我们需要握一次手，因为我们都是少数派。

估计你现在已经迫不及待地想知道以上问题的答案了，赶紧翻到本书正文，让我们一起来完成这场愉悦的阅读之旅吧！

谨以此书献给爱思考的少数派。

董广宇
2024 年 3 月
于上海松江

目　录

第1章　货币的定义　/ 1
　　清晰和模糊的货币定义　/ 3
　　廓清"交易媒介、货币、货币凭证"这些概念　/ 4
　　纸币的本质　/ 7

第2章　存款合约与部分准备金制度　/ 11
　　货币的所有权和使用权　/ 13
　　存款模糊了借贷和保管的边界　/ 16
　　部分准备金制度之问：如何把钱借给银行　/ 20

第3章　重新解读一些经济现象　/ 23
　　为什么会有通货膨胀　/ 25
　　为什么许霆案件会引发激烈争论　/ 31
　　为什么存款失窃案件总是难以判决　/ 32
　　为什么要实行存款保险制度　/ 35
　　为什么货币总额如此之高依然出现流动性紧缩　/ 37

为什么布雷顿森林体系会解体 / 38

为什么"消费拉动经济"是错的 / 41

第4章 关于比特币 / 43

比特币系统中其实有一家隐形央行 / 45

从源代码层面解读比特币的单位是如何定义的 / 57

比特币系统中的参数值是如何确定的 / 63

到底是什么成为比特币的价值来源 / 64

比特币系统同样在超发货币 / 69

一套移动网络版的比特币系统 / 72

第5章 世间没有单利只有复利 / 77

等额本息 / 79

年利率和月利率的转换 / 86

等额本金与等额本息的比较 / 90

信用卡分期付款 / 106

世间没有单利只有复利 / 109

第6章 重塑货币制度（上） / 115

特别提款权能否成为未来货币 / 117

数字货币系统能否替代现有货币系统 / 122

虚拟货币和实体货币 / 124

100美元纸币和50美元纸币 / 125

你愿意让货币是什么 / 127

目 录

第 7 章　**重塑货币制度（下）**　/ 131
　　区块链、智能合约和部分准备金制度　/ 133
　　恒量货币制度是否可行　/ 135
　　货币增量与货币存量之比——谈最优货币发行量　/ 136
　　货币增量的分配——兼谈贫富差距　/ 139
　　一部全世界通用的《货币法案》　/ 143
　　尾声：货币制度的三种权力　/ 148

附　录　/ 151
　　附录一　经济学家的混乱思想　/ 153
　　附录二　法学家的混乱思想之一　/ 157
　　附录三　法学家的混乱思想之二　/ 163
　　附录四　存款合约不是信托合约　/ 167
　　附录五　为什么"银行不需要存款就可以凭贷款创造存款"
　　　　　　是错的　/ 169
　　附录六　奥地利经济学派的基础概念　/ 176
　　附录七　货币问答　/ 180
　　附录八　多角债务循环　/ 202

后　记　/ 205

第1章

货币的定义

清晰和模糊的货币定义

对于货币的定义,所有的经济学教材都是一样的:"货币是一种广泛流通的交易媒介。"

问题在于,这句话是从什么时候开始出现的呢?

现在只要一说起货币,就会引起无数的争论,那么这些争论的根源到底在哪里?根源就出在货币的定义上。

1776年出版的《国富论》,在第四章"论货币的起源及其效用"中论述道:"各时代各社会中,有思虑的人,身边随时带有一定数量的某种商品,这种商品,可以拿去和任何人的生产物交换,都不会被拒绝。"

亚当·斯密的《国富论》是西方现代经济学的起点,由此可见,至少在1776年之前,货币的原始定义是这样的:货币是一种被普遍接受的商品。

但是之后,不知道是谁,把"商品"换成了"交易媒介"。

也许读者会说,何必这么较真,"商品"和"交易媒介"是一样的概念,属于同一个范畴。

事实上恰恰相反,两者是不一样的概念,原因很简单:"交易媒介"

的概念范围远远大于"商品"的概念范围，即"商品"仅仅是"交易媒介"的一个子集。这就隐隐约约告诉我们，人们对于货币的争论，其实源于货币概念范围的扩充。因为概念的范围扩大了，人们有了多种理解，导致出现了无穷的争论。

换言之，比较前后的货币定义，可以发现把原先容易理解的"商品"换成不容易理解的"交易媒介"，这就为法定货币的出台奠定了理论基础（因为，既然货币是流通的交易媒介，那么，纸币作为一种媒介在交易中得以流通，就使得人们会想当然地认为法定货币纸张也是货币）。也就是说，由于不容易被理解的"交易媒介"这个名词模糊了原本清晰的货币定义，从而为以后的争论埋下了伏笔。

正是因为把原本清晰的"商品"换成了说不清道不明的"交易媒介"，于是，各种各样的货币新名词都冒了出来：外部货币、内部货币、基础货币、派生货币、高能货币、广义货币、数字货币、电子货币、钞票、信用、记账符号等。

货币新名词的剧烈增加，必然会产生一种现象：只要一谈起货币，几乎每个人一套货币理论，这是因为货币的原始定义已被破坏，根据"交易媒介"的概念范围，大家可以想怎么定义就怎么定义。

廓清"交易媒介、货币、货币凭证"这些概念

先说结论，其实结论非常简单：

货币，的确属于交易媒介；但是反过来，交易媒介却不一定是货币。比如，货币凭证是交易媒介，但不是货币；货币凭证数量必须等于货币数量，假如货币凭证数量大于货币数量，那就意味着货币凭证超发了。

前一节内容已经讲过，"商品"仅仅是"交易媒介"的一个子集，货

第1章 货币的定义

币是一种被普遍接受的商品。因此很容易理解上述结论中的这句话："货币，的确属于交易媒介；但是反过来，交易媒介却不一定是货币。"可是，很多人无法理解"货币凭证"，甚至从来没有听说过这个词。

为了清楚地说明"货币凭证"，以金本位为例：

金本位制度下，黄金是货币，人们把黄金交由银行保管，银行出具黄金兑换券；当黄金没有交由银行保管时，人们可以直接用黄金购买商品；当黄金交由银行保管后，人们可以用黄金兑换券购买商品；然后，卖方拿着黄金兑换券去银行提取黄金。由于黄金是货币，所以黄金兑换券就是货币凭证，也可以称为货币的兑换凭证。

注意，关键点来了：在买卖过程中，由于黄金和黄金兑换券都可以从市场上买到商品，因此，黄金和黄金兑换券都是交易媒介。但是，并不能说"黄金兑换券就是货币"，这是因为黄金兑换券只是货币凭证，货币凭证背后的黄金才是货币；当货币凭证数量大于货币数量时，显而易见，卖家手中的一部分货币凭证是无法提取到黄金的，因为货币凭证已经超发了。

现在你能理解一开始的那个结论了吗？

也许有人会说，你举的例子是金本位，但现在不是金本位，所以，所谓的"廓清"并不清。

目前世界各国的货币制度，其建立依据是主流货币理论（以部分准备金制度为核心的一整套货币理论），但主流货币理论的内在逻辑已经混乱到无以复加的程度，想在主流货币理论框架内廓清"交易媒介、货币、货币凭证"这些概念，简直是一场灾难。

简单地说，在主流货币理论中，没有"货币凭证"这个概念；纸币、银行客户账户余额、股市保证金账户余额、支付宝账户余额、微信钱包余额等都是货币，并且都是交易媒介；当这些账户余额发生变动时，其实只是一个数字的加减，实际上这种变动的背后是各银行资产方的准备金账户余额因转账而引起的轧差调整。

精通主流货币理论的读者，看完以上这段文字，也许会有疑问：既然"实际上这种变动的背后是各银行资产方的准备金账户余额因转账而引起的轧差调整"，这是否意味着银行准备金账户余额是货币，而银行客户账户余额、股市保证金账户余额、支付宝账户余额、微信钱包余额是货币凭证呢？

好问题！其实这个问题恰恰说明，主流货币理论是一套催生通货膨胀的理论。

我们知道，在金本位制度下，货币凭证的数量和黄金的数量必须保持一致，一旦货币凭证的数量大于黄金数量，这一定意味着货币凭证超发了。

在当前的货币制度下，如果把银行准备金账户余额看成货币，把银行客户账户余额、股市保证金账户余额、支付宝账户余额、微信钱包余额看成货币凭证，就可以推导出一个结论：货币凭证超发了！这是因为，银行准备金账户余额其实就是基础货币，而银行客户账户余额、股市保证金账户余额、支付宝账户余额、微信钱包余额其实就是广义货币。众所周知，广义货币数量远大于基础货币数量。这不就是货币凭证超发的证据吗？因此主流货币理论是一套催生通货膨胀的理论。

当然，主流货币学者、主流经济学家不会承认这一点，解决的办法就是在主流货币教材中抹去"货币凭证"这个概念，因为一旦引入"货币凭证"，势必会推导出"货币凭证数量大于货币数量"这个结论。

现在你应该明白了为什么你原先不知道"货币凭证"，为什么一谈起"货币是否超发"总是争论不断，为什么很多人把仅仅是交易媒介的比特币看作货币。

最后，重温一下本节开头的那个结论：货币，的确属于交易媒介；但是反过来，交易媒介却不一定是货币。比如，货币凭证是交易媒介，但不是货币；货币凭证数量必须等于货币数量，假如货币凭证数量大于货币数量，那就意味着货币凭证超发了。

纸币的本质

经常听到这样一句话："货币的本质是信用。"对吗？要想这个观点成立，还要加上一个前提：货币是纸币。

当你厘清"交易媒介、货币、货币凭证"这些概念后，可以迅速看清纸币的本质：纸币的本质是信用。即货币的兑换凭证的本质是信用，而不是货币的本质是信用。

纸币本身（注意：此处谈的是纸币作为物质本身）没有任何价值（除了烧火），但人们却认为纸币很有价值，之所以有这种现象，是因为纸币上面附加的图案以及面值让它身价不菲，这个附加的图案和面值之所以有价值，是因为纸币发行者的信用。

那么，这个所谓的"信用"到底是指什么？

在金本位时代，这个信用是指纸币发行方能把纸币兑换成黄金；而现在，这个信用是指纸币购买力不变。其实是一个意思，即纸币能换取的商品数量保持不变。

如果这张纸币兑换到的商品变少了，则意味着纸币发行方没有了信用，就这么简单。

当今，我们对于货币的认知可以说充满了混乱，各种关于货币的名词频繁出现：货币、金钱、纸币、钞票、货币发行的抵押品（担保品）、货币的凭证、兑换券、信用、基础货币、广义货币、派生货币、电子货币、虚拟货币、比特币、数字货币等。在现有的货币理论中，人们对这些名词一直以来都没有辨析清楚。

目前，直接正向解释这些名词反而会引起种种误解，因为当今法定货币系统已经深刻影响了人们的思维模式，因此，为廓清概念，我们依然以金本位为例作说明，这样一下子就可以明了。

（1）如果你认为黄金是货币，那么我们就把"能兑换成黄金的那片纸"称为纸币、钞票、货币的收据、货币的兑换券、货币的凭证。

（2）如果你认为纸币是货币，那么我们就把"黄金"称为货币的抵押品。

（3）关于信用，分情况讨论：

a. 对于情况（1），所谓信用，就是指货币凭证的发行方保证——货币凭证能随时兑换成货币，即纸币能随时兑换成黄金；

b. 对于情况（2），所谓信用，就是指货币的发行方保证——货币能随时兑换成货币的抵押品，即纸币能随时兑换成黄金；

c. 无论你认为黄金是货币还是纸币是货币，我们要的结果是一致的，那就是——你手中的这片纸（或者你也可以称它为钞票、兑换券、凭证、收据，甚至银行账户上的数字余额）能随时兑换成黄金，并且无论你何时去兑换，兑换出来的黄金总是等质等量。

1971年8月布雷顿森林体系瓦解之前，人们认为黄金是货币，而认为纸币是货币的兑换凭证；但是，1971年8月布雷顿森林体系瓦解之后，人们把纸币（原本我们只是认为它是货币的兑换凭证）直接升级为货币。

1971年8月，正是人们对于货币认知的历史转折点，从此以后，人们对于货币的认知开始变得混乱（比如货币的本质到底是商品还是信用）并延续至今。也正是因为对于货币本质的认知不清，许多让人感到眼花缭乱的货币新名词不断涌现。

第 1 章 货币的定义

假如当年的布雷顿森林体系没有瓦解，并且一直延续运行至今，那么，我们现在一看到纸币，脑海中会想到什么呢？立刻会意识到这张纸币可以兑换成黄金，而不会意识到纸币的背后是央行的信用。也就是说，不存在"货币的本质到底是商品还是信用"这样的争论。

当然，假如你还是认为货币的本质是信用，那请你考虑这样一个简单的问题：如果你准备留一笔钱给你的子孙后代，那么，你会选择留一笔黄金还是选择留一笔纸币？

在现代金融世界，大家认为纸币（钞票）或银行账户上的数字余额就是货币，这是法定货币系统深刻影响我们思维模式的结果，这种认知的最关键缺陷在于，你拿着这些货币能向货币发行方兑换成什么？一旦你开始思考这个问题，你对货币的认知将会再次发生转折。

第2章

存款合约与部分准备金制度

货币的所有权和使用权

货币是一种被普遍接受的商品。既然货币是商品，则必然存在货币的所有权和使用权。那么，货币在流转的过程中，其所有权和使用权是如何转让的（货币的权属转让过程）呢？

通常情况下，货币的流转过程包含购买支付、寄存保管、民间借贷、友人赠予、存入银行、银行取现、银行贷款等环节。

我们用一个生活场景把这些环节串联起来进行描述：A把钱存入甲银行，甲银行把钱放贷给B，B为了购买商品转账支付给C，C通过转账支付把钱借给D，D从乙银行中取出钱款又借给E，E把钱赠送给F，F把钱交给G保管。

一个正确的货币权属转让理论，必须无矛盾地解释以上货币流转链条中的每一类权属转让过程，而不是只能解释其中的一环。

为了解释货币权属的转让过程，需要先提出货币的两个公理，这两个公理可以说是"少数派货币金融学"的理论基石，本书往后的演绎都是基于此。先把这两个公理列出来（这两个公理不仅适用于货币，也适用于货币凭证）：

公理1：货币只有唯一所有权，不存在双重或多重所有权。

公理2：货币的所有权和使用权不可分离。

对公理1的解读：如果货币具有双重所有权，那么这就意味着你钱包里的钱不仅属于你，同时属于另外一个人，你愿不愿意？这世上没人愿意！其实，任何财产的100%所有权都不能同时被两人或多人拥有；正如同假使你手中的手机被其他人声称拥有，你愿意吗？不论是法律分析，还是会计记账，我们都要注意，必须体现出货币所有权的唯一性，绝对不能违反这条法则。事实上，"货币只有唯一所有权"与"物权具有排他性""私有财产神圣不可侵犯"是一脉相承的。

对公理2的解读：如果货币的所有权和使用权可以分离，那么当你收到一笔钱时，你很有可能拥有的仅仅是这笔钱的使用权，你是否会担心这笔钱被真正的所有者索回？由于你有这样的顾虑，担心财产遭受损失，因此，你很有可能不愿意收取这笔钱。货币作为一种被所有人接受的、广泛流通的，既可以记名又可以匿名的移动型财产，其所有权和使用权必须合一，如果可以分离，这将导致人人抵触用货币进行交易（因为接收方不愿意接收这种仅仅拥有使用权的货币，从而使得支付方无法将货币流转出去），最终导致货币的流通功能丧失，回到最初的以物易物时代。退一步讲，即便货币的所有权和使用权真的可以分离，那就意味着整个市场上将会流通两种货币：一种货币具有所有权和使用权，另一种货币仅仅具有使用权（注意：仅仅具有所有权的货币是无法流通的，因为没有使用权，所以即使货币在手，也无权使用）。那么请问，你愿意接收哪一种货币呢？毫无疑问，当然是前一种！这样造成的最终结果就是第二种货币从此退出流通市场。原因很简单：大家都不愿意接收第二种货币。上述思想实验中还存在一个问题：当这两种货币同时流通于市场时，作为接收者，你如何鉴定区分？你会发现根本没有办法！因此，这就决定了，货币无论以哪种

第 2 章 存款合约与部分准备金制度

方式出现，只要进入流通领域，必须同时具有所有权和使用权，其实这也反过来证明了"货币的所有权和使用权不可分离"。

对公理 2 的补充解读一：一部分人会有这样的疑问，"在上述的例子中，货币的所有权和使用权不可分离仅适用于支付交易情景，但是，当货币用于借贷时，其所有权和使用权可以分离，即借款人获得使用权，贷款人依旧保留所有权"。这样的疑问根本站不住脚，理由如下：A 向 B 购买物品，A 把钱支付给 B，但 A 的这笔钱是向 C 借来的，如果货币用于借贷时其所有权和使用权可以分离，那么 A 只获得了这笔钱的使用权，此时 B 就不会接收这笔钱（这等于是回到了上一自然段讨论的过程），可在实际经济中，B 并不会因为 A 的这笔钱是借来的而拒绝接收，B 甚至不会管 A 的这笔钱是从哪里来的（不论是劳动所得，还是借来的、捡来的），只要 A 支付给 B，B 就会认为 A 拥有的是这笔钱的所有权。我们还可以用一个简单例子作说明：甲把车借给乙，乙不可以用这辆车到市场上去交换其他物品；相应地，甲把钱借给乙，乙可以用这笔钱去市场上交换其他物品。为什么呢？因为一个是所有权未转让，另一个是所有权已转让。

对公理 2 的补充解读二：再换一个角度考虑，你把钱借出去，如果只是转让钱的使用权，钱的所有权继续保留在你这里，那你为什么还会担心借款者将来还不上钱呢？钱借出去，如果钱的所有权继续保留在你这里，那你为什么还要借款者用资产（比如房子）作抵押？你都继续保留钱的所有权了，那你还担心什么？所以，即便是在借贷关系中，货币的所有权和使用权同样不可分离，货币一旦被借出去，其所有权和使用权会一并转让，此时，借款人获得货币的所有权和使用权，贷款人失去货币的所有权和使用权，从而获得债权，相应地，借款人成为债务人，贷款人成为债权人。

对公理 2 的补充解读三：我们最后来思考一下，为什么会有"货币的所有权和使用权可以分离"这种错误概念？原因在于，由于房屋、车辆、电脑等财货的所有权和使用权可以分离，所以我们想当然地认为，作为另一种主要财货的货币，同样也是所有权和使用权可以分离。这种推论是不严谨的。因为房屋、车辆、电脑等财货是特定物，而货币是种类物，财货品种不同，更重要的是，房屋、车辆、电脑等财货是不能分割的，一旦将其分割，这些财货的价值立马变为0，而货币是可以分割的，并且分割后的价值同比例降低，比如，1盎司黄金分割为2倍的0.5盎司黄金、1千克食盐分割为2倍的0.5千克食盐（罗马帝国历史上，食盐曾被当作货币，以工资形式发放给士兵）。因此，根据"房屋、车辆、电脑等财货的所有权和使用权可以分离"这个条件，推导出"作为另一种主要财货的货币，同样也是所有权和使用权可以分离"这个结论，是不正确的。

关于货币所有权和使用权的更多讨论，可参见附录一《经济学家的混乱思想》和附录二《法学家的混乱思想之一》。

存款模糊了借贷和保管的边界

在本章第一节中，提出了一个生活场景：A把钱存入甲银行，甲银行把钱放贷给B，B为了购买商品转账支付给C，C通过转账支付把钱借给D，D从乙银行中取出钱款又借给E，E把钱赠送给F，F把钱交给G保管。

现在请读者思考一下：当A把钱存进银行形成存款时，这笔钱的所有权和使用权转让了没有？如果有，是如何转让的？

思考时，需要注意以下两点：

（1）一定要时刻记住货币的两个公理，推理所得的结论不能违反这两个公理；

(2）推理时，不要仅仅看到"A把钱存入银行"这一环节，还要通盘考虑整个链条上的每一类货币流转环节。

如果读者觉得这个问题烧脑，没关系，可以暂且放下，继续阅读下文。

关于存款，一个最简单的问题就是，你把钱包里的钱存入银行，这个行为意味着你是把钱交给银行保管，还是把钱借给了银行？

我们先来看看什么叫作借贷，以及什么叫作保管。

（一）借贷关系

A把钱借给B，则有以下基本特征：

（1）B支付利息给A；

（2）B可以随时动用这笔钱（比如，B向C购买物品，或者B把钱再借给C）；

（3）A不能随时全额取回，B也不会主动向A承诺"A可以随时从B那里全额取回"；

（4）A与B双方资产负债表的表内科目都发生了变化：A的货币资金减少，同时债权增加，而B的货币资金增加，同时债务增加。

（二）保管关系

A把钱交给B保管，则有以下基本特征：

（1）A支付保管费给B；

（2）B不可以动用这笔钱；

（3）A可以随时从B那里全额取回；

（4）A与B双方资产负债表的表内科目都不会发生变化，这笔钱是B的表外资产，是A的表外负债。

两者的特征，通过表 2-1 对比展示则更为清晰（在对比过程中，体会一下"随时动用"和"不可以动用"这两个词与货币所有权的内在联系）。

表 2-1 借贷和保管特征比较

	借贷关系基本特征 A 把钱借给 B		保管关系基本特征 A 把钱交给 B 保管
(1)	B 支付利息给 A	(1)	A 支付保管费给 B
(2)	B 可以随时动用这笔钱（比如，B 向 C 购买物品，或者 B 把钱再借给 C）	(2)	B 不可以动用这笔钱
(3)	A 不能随时全额取回，B 也不会主动向 A 承诺"A 可以随时从 B 那里全额取回"	(3)	A 可以随时从 B 那里全额取回
(4)	A 与 B 双方资产负债表的表内科目都发生了变化：A 的货币资金减少，同时债权增加，而 B 的货币资金增加，同时债务增加	(4)	A 与 B 双方资产负债表的表内科目都不会发生变化，这笔钱是 B 的表外资产，是 A 的表外负债

注意，两种关系中的特征（2）和特征（3）是相辅相成的。也就是说，正是因为有了特征（2），才有了特征（3）。

从两种关系的四个特征可以很容易地看出，借贷和保管原本是边界分明的。

什么叫作边界分明？也就是说，属于保管关系就不会是借贷关系，反过来，属于借贷关系就不会是保管关系，即保管关系与借贷关系是相互排斥的。重读一下两者的四个特征，相互对应的两个特征都是两两排斥的！

现在回过头来再看看开始提到的问题：你把钱包里的钱存入银行，这个存款行为意味着你是把钱交给银行保管，还是把钱借给了银行？

我们可以发现，把钱交付给银行，形成存款之后，出现了以下特征：

一是具备了借贷关系中的特征（1）、特征（2）、特征（4）的一半（银行表内科目发生了变化）；

二是同时具备了保管关系中的特征（1）（比如小额账户管理费、目前部分欧美银行开始向储户定期征收管理费）、特征（3）、特征（4）的一

第2章 存款合约与部分准备金制度

半（储户表内科目没有发生变化）。

这样分析之后，关键的来了：刚才提到保管关系与借贷关系是相互排斥的，但是，银行存款却同时具备了保管关系与借贷关系。具体来说，存款具备的借贷关系特征都发生在银行这一方，即对银行而言，存款是借贷；相应地，存款具备的保管关系特征都发生在储户这一方，即对储户而言，存款是保管。也就是说，储户和银行之间的存款合约既是保管合约，又是借贷合约，但保管关系和借贷关系是相互排斥的。形象地说，这等于是画了一个正方形的圆。

因此，银行存款模糊了借贷与保管的边界。

观察货币的权属转让过程，则可以更加明显地感受到原本清晰的借贷保管边界是如何被存款模糊的：

（1）当 A 把钱借给 B 时，钱的所有权和使用权同时从 A 转让给 B，A 获得一份对 B 的债权。

（2）当 B 把钱交给 C 保管时，钱的所有权和使用权没有发生转让，依然属于 B。

（3）当 A 把钱存入银行形成存款时，由于存款具备的保管关系特征发生在储户这一方，因此，钱的所有权和使用权依然属于 A。又由于存款具备的借贷关系特征发生在银行这一方，因此，钱的所有权和使用权属于银行。也就是说，这笔钱既属于 A 又属于银行，这显然违反了货币公理1。

爱思考的读者会继续追问：银行为什么要这么做呢？

根本的原因就在于银行要实行部分准备金制度。

部分准备金制度是当今世界所有银行都在实行的制度，作为存在于其中的我们，一定要理解它。

所谓部分准备金制度，包含两层意思：

（1）银行向储户借钱（或者说揽存），但没有把借来的钱100%用于放贷，而是将存款的一部分（注意：不是全部）作为准备金，以此应付储户的提款。由于大量储户的提款行为呈随机分布，发生同一时间内集中提款的事件概率几乎为零，因此银行对外向所有储户承诺可以随时全额取款。

（2）将存款的剩余部分用于放贷，以此赚取利差。这里有一个关键步骤是，银行要将储户存款按照银行自身的意志用于放贷，就势必要拥有储户存款的所有权，否则会形成对储户财产权的非法侵占（或者说非法挪用），因此需要通过借款，将储户对这笔钱的所有权转让给银行；可对于储户来讲，由于银行承诺可以随时全额取款，因此储户将钱存入银行并没有感觉到是在借钱给银行，反而更像是把钱交给银行保管，所以依然将这笔钱列在储户的货币资金资产科目项下。

存款这个金融行为，拆解开来辨析，重心在"存"字上，"存"是指存放、保存，既然是存放和保存，那么存款就没有使储户失去这笔钱的所有权，但实质上是银行向储户借款从而获取了这笔钱的所有权，这就造成了一个惊人的事实：同一笔钱在同一时间段内具有双重所有权，既属于储户又属于银行，即产生了货币的双重所有权特性（注意：这已违反了货币公理1）。站在储户的角度看，储户和银行签订的是保管合约；站在银行的角度看，银行和储户签订的是借贷合约。

"存款"这个词本身不就是在模糊保管和借贷吗？

有关存款的更多讨论，可参见附录三《法学家的混乱思想之二》和附录四《存款合约不是信托合约》。

部分准备金制度之问：如何把钱借给银行

前面一节谈到了部分准备金制度，读者如果感觉内容比较学术化，不易理解，那可以问这样一个问题：如何把钱借给银行？

第 2 章　存款合约与部分准备金制度

从来都是我们向银行借钱，有没有听说过银行向我们借钱？

如果你想把钱借给银行，应该如何操作？

你一定有把钱借给别人的经历，比如把钱借给一个朋友、一个团队、一家公司，但你有没有想过这样一个问题：如何把钱借给一家银行？你有没有把钱借给银行的经历？

你把钱借给其他人，那么至少你们之间会写一个借条，正规一点，需要签订一份借贷合同。假如你有把钱借给银行的经历，那么你有没有和银行签订借贷合同？

我们和银行之间产生最多的关于钱的业务往来，其实是我们把钱存入银行（通常我们称之为"存款业务"），那么问题就来了：如果你认为把钱存入银行就是把钱交给银行保管，那么如何把钱借给银行？估计有一小部分人会说，购买银行理财产品，就是把钱借给了银行。这个回答不算错。但是，我们需要知道的是，银行理财产品的出现时间并不长，那么，在银行理财产品出现之前，我们如何把钱借给银行？

有些人可能会说，去银行购买国库券和国债，算不算是把钱借给了银行？当然不是，你虽然在银行购买了国库券和国债，但你的钱并不是借给了银行，而是借给了国库券和国债的发行方——财政部。

既然去银行的网点购买国库券和国债不是把钱借给银行，那么，在银行理财产品出现之前，我们如何把钱借给银行？

如果你的回答是"不知道"，那笔者先给出一点提示——钱借出去之后，有一个很重要的特征：一旦把钱借给其他人，那么借出钱的一方，在未来是要收取一定利息的。现在你再想想：我们如何把钱借给银行？

看到这里，想必你已经知道答案了：我们把钱存入银行这个行为，其实正是把钱借给了银行！

也就是说，所谓存款，就是我们把钱借给银行；所谓贷款，就是银行把钱借给我们。很简单，就是这么回事。

但问题到这里并没有结束。

比如，银行把钱借给我们（贷款），银行和我们之间需要签订借贷合同，但同样都是借钱，我们把钱借给银行（存款），我们和银行之间却不需要签订借贷合同，为什么会这样呢？

有些人会说，存款时，我们手中的存折簿或银行储蓄卡，就是我们和银行之间签订的借贷合同。如果存折簿或银行储蓄卡就是借贷合同，那为什么开立存折簿或银行储蓄卡时需要借出钱的一方设定密码？你什么时候见过签订借贷合同时需要借出钱的一方设定密码？

又比如，银行把钱借给我们（贷款），我们绝不会主动向银行承诺"银行可以随时把钱取回"，但同样都是借钱，我们把钱借给银行（存款），银行却会主动向我们承诺"储户可以随时把钱取回"，为什么会这样呢？

对金融有点了解的人也许会说，因为银行有准备金。如果你简单地认为这就是答案，那笔者要反问你：同样都是借钱，那么因借钱而产生的债权、债务等法律关系是一致的，可为什么我们不会主动承诺"银行可以随时取回钱款"，而银行会主动承诺"储户可以随时取回钱款"？还有，同样都是借钱，为什么贷款时银行的资产负债表变化和存款时储户的资产负债表变化却表现得不一致？既然你说"因为银行有准备金"，那银行准备金是从哪里来的？如果是来自央行，那央行的钱是从哪里来的？

最后说一种奇怪的现象：你向银行借钱，贷款100万元，银行同意发放贷款，于是你账上多了100万元，注意，这个时候，整个社会上其他所有人账上的钱都没有减少，也就是说，与发放贷款之前相比，整个社会的钱的总额多了100万元。这是怎么回事？

"如何把钱借给银行"，有了这样一个思考，再回头去看前面一节内容，会有一种顿悟的感觉。

第3章

重新解读一些
经济现象

为什么会有通货膨胀

（一）

首先给出通货膨胀的定义，再来解决"为什么会有通货膨胀"。

事实上，通货膨胀的定义相当简单，"通货"和"膨胀"两个词语组成了一个主谓词组，顾名思义，通货在膨胀，说得再清楚一点，货币在超量发行。

再来看经济学教科书上的解释：所谓通货膨胀，就是指货币的供应量大于货币的实际需求量，导致货币贬值，从而引起物价普遍持续上涨的现象。

由此可见，通货膨胀是因，物价上涨是果。

通货膨胀定义中的关键点在于，因货币供应大于货币的实际需求，货币贬值。说白了，就是货币超发，通货膨胀的原因正在于此，但是为什么会产生货币的超发呢？

究竟到底是什么原因导致货币在超发？先把结论亮出来：这个根源就是当今全世界银行都在实行的部分准备金制度。

在正式分析之前，需要一点数学知识准备。

设 $0<q<1$，有一等比数列 $a, aq, aq^2, \cdots, aq^n$，求该数列之和。

令

$$S = a + aq + aq^2 + \cdots + aq^n$$

则

$$Sq = aq + aq^2 + aq^3 + \cdots + aq^{n+1}$$

得

$$S - Sq = a - aq^{n+1}$$

即

$$S(1-q) = a(1-q^{n+1})$$

得

$$S = a\frac{1-q^{n+1}}{1-q}$$

当 n 为正无穷大时，该等比数列为无穷等比数列。

又因为 $0<q<1$，根据极限得

$$\lim_{n \to +\infty} q^{n+1} = 0$$

故

$$S = \frac{a}{1-q}$$

（二）

为了讲明白部分准备金制度是如何扩张货币供应的，我们先建立一个最简单的模型：有甲、乙两家商业银行，甲银行有存款1亿元，乙银行刚成立没有存款；此时有客户向甲银行贷款5000万元，而客户的账号开设在乙银行，甲银行放款之后，客户在乙银行的账户上瞬间变成5000万元，即乙银行存款由0变成5000万元。

第 3 章 重新解读一些经济现象

注意，见证奇迹的时刻来了！以下这段内容请一个字一个字地阅读，毫不夸张地说，整个商业银行系统的运作核心都在以下这段文字中。

根据上一章的内容，在存款合约中，由于货币双重所有权的特点，甲银行可以行使所有权，将储户存款用于放贷，而甲银行的储户也可以行使所有权，依然能从银行提取 1 亿元的存款，所以甲银行的储户不会由于银行放贷而将自己的存款进行减记，因此甲银行的存款数量并没有因银行放贷而减少，还是原先的 1 亿元。而此时，乙银行的存款是 5000 万元，那么整个银行系统的总存款就是 1.5 亿元，比之前多了 5000 万元存款。而且重要的是，既然是银行存款，根据银行向储户的承诺，这 1.5 亿元可以随时从银行中提取出来，因为 1.5 亿元都记在储户随时可动用的货币资金科目账上。可是，经济总量并没有在这个过程中有任何增加，即经济增量为零，但是钱多了 5000 万元。显然，通过贷款这个步骤货币超发了，多出的 5000 万元被称为派生存款或派生货币。

把以上的模型扩大：一家央行、N 家商业银行，存款准备金率是 10%（商业银行存款总额的 10% 上缴至央行），只有一家商业银行有存款 1 亿元（此为原始存款，来源于央行发行的基础货币），其他银行都没有存款，贷存比上限是 100%（贷款额与存款额之比可以达到的最高值）。

整个货币创造过程如下：

（1）由于原始存款为 1 亿元，第一家银行上缴 1000 万元存款准备金至央行，剩 9000 万元存款用于放贷；

（2）9000 万元贷款放出去后，成为第二家银行的存款，第二家银行上缴 900 万元存款准备金至央行，剩下 8100 万元存款用于放贷；

（3）8100 万元贷款由第二家银行放出去后，成为第三家银行的存款，第三家银行上缴 810 万元存款准备金至央行，剩下 7290 万元存款用于放贷；

(4) 7290万元贷款由第三家银行放出去后，成为第四家银行的存款，第四家银行上缴729万元存款准备金至央行，剩下6561万元存款用于放贷；

……

这时，根据无穷等比数列求和公式可以计算出整个银行系统拥有了多少货币：

(1) 商业银行存款总额：9000万元＋8100万元＋7290万元＋……＝$\frac{9000}{1-0.9}$万元＝90000万元＝9亿元。

(2) 央行存款准备金总额：1000万元＋900万元＋810万元＋……＝$\frac{1000}{1-0.9}$万元＝10000万元＝1亿元。

(3) 整个银行系统货币总额：9亿元＋1亿元＝10亿元。

原始1亿元的存款，因为部分准备金制度的运作，货币总量扩大为原先的10倍（即货币乘数为10，正好等于存款准备金率10%的倒数），可是在货币创造的过程中经济总量却并没有增长为原先的10倍，这意味着货币超发了！

读到这里，想必你对通货膨胀的根源已经一清二楚了。同时，你也应该可以明白为什么各大财经媒体平常所说的广义货币M_2数量会不断增长。

(三)

熟悉银行贷款实务操作的读者也许会有疑问：一开始所举的模型中有这样一句话——"有客户向甲银行贷款5000万元，而客户的账号开设在乙银行"，但是在实际银行贷款操作中，如有客户向甲银行贷款，则该客户必须在甲银行开设账户，这种规则对之后的推导有影响吗？

——完全没有影响，可以有相同的结论：因为银行的贷款，整个银行

第3章　重新解读一些经济现象

体系的存款总额增加了，增加的存款就是贷款产生的派生存款（派生货币）。

论证如下：

我们依照问题中的设定"如有客户向甲银行贷款，则该客户必须在甲银行开设账户"这一条件再次推导一下。

有甲、乙两家银行，甲银行有存款1亿元，乙银行刚成立没有存款，整个银行体系的存款总额是1亿元，客户A在甲银行开设a账户，客户B在乙银行开设b账户，这两个账户现在余额都为0。

客户A向甲银行贷款5000万元，甲银行发放贷款后，客户A的a账户余额立刻由0变成5000万元。注意，此时由于a账户开设在甲银行，a账户上的5000万元就是甲银行的存款（派生存款5000万元），而且更重要的是，甲银行原先1亿元的存款并没有减少，因为拥有这1亿元存款的储户不会因为甲银行发放贷款而将自己的存款进行减记，甲银行也不会因为自己发放贷款而将储户存款减记；因此，原先1亿元的存款加上a账户的5000万元，甲银行的存款立马变成1.5亿元。

客户A有了5000万元，就立即从a账户上划账5000万元给客户B的b账户，因为b账户开设在乙银行，于是，乙银行的存款立刻由0变成5000万元，即5000万元存款由甲银行转移至乙银行，相应地，甲银行的存款由1.5亿元变成1亿元；甲、乙两家银行此时的存款相加是1.5亿元，即整个银行体系的存款总额因为发生了贷款这个步骤由原先的1亿元变成1.5亿元，增加了5000万元派生货币。

在整个过程中，经济总量没有增加，货币却增加了5000万元，与前面推导的结论完全一致。

这里再提出一点，由于储户存款是银行的负债，所以，负债如果增加，那么根据"资产＝负债+所有者权益"公式，银行的资产同时增加，

29

即资产负债表规模扩张。上述过程中,甲银行贷款发放后,由于钱进入 a 账户形成甲银行的存款,因此甲银行的资产负债表规模由 1 亿元扩张为 1.5 亿元(设存款准备金率是 10%,甲银行的法定存款准备金科目增加 500 万元,超额存款准备金科目减少 500 万元,债权科目增加 5000 万元),之后,客户 A 支付 5000 万元给客户 B,甲银行的资产负债表规模由 1.5 亿元又缩减至 1 亿元;乙银行因 b 账户增加 5000 万元,即乙银行的存款增加 5000 万元,因此其资产负债表规模由 0 扩张为 5000 万元。

以上就是部分准备金制度下货币创造的所有细节。

(四)

关于货币创造的过程,目前主流金融界有一种观点认为银行不需要存款就可以凭贷款创造存款。

对于这种观点,笔者认为:

(1)假如银行不需要存款就可以发放贷款,那为什么所有的商业银行都在吸储揽存(而且是通过提高自身经营成本的方式吸储揽存,比如提升储户存款利率)?现实中的银行拼命地吸储揽存,说明银行需要大量存款;若银行不需要存款,就可以凭贷款创造存款,那么,银行完全可以通过拼命发放贷款的方式创造大量存款,何必拼命揽存?

(2)面对上述问题,估计这些金融界人士会如此回应:银行吸储揽存是为了保证贷款与存款比值不高于 75% 这条监管红线。这个解释相当牵强,因为新的问题又出现了:假如"银行不需要存款就可以凭贷款创造存款",也就是说,所有的存款都来源于商业银行的贷款,既然所有的存款都来源于贷款,那么,贷款总额与存款总额相比,其比值应该是大于等于 100%!但是,无论哪家银行,贷款总额与存款总额的比值总是小于 100%(最大不得超过 75%),这又是为什么?

（3）假如银行不需要存款就可以发放贷款，这就意味着，商业银行一开始并不拥有任何货币的所有权，当银行的客户需要贷款时，突然间银行拥有了一笔钱的所有权，然后把这笔钱放贷出去，这无中生有地出现一笔钱的所有权是怎么回事？

详细的论证见附录五《为什么"银行不需要存款就可以凭贷款创造存款"是错的》。

为什么许霆案件会引发激烈争论

发生于2006年的许霆案件曾经震惊全国，并引发了无数争论。

案情最简表述：许霆原本想从ATM机中取款1000元，但他却发现，取出钱后，其借记卡中的余额仅减少1元，于是许霆从ATM机中连续取钱，共计取得钱款17万余元，之后逃逸被捕。最终，法庭判决，罪名：盗窃国家金融机构财产罪；量刑：从无期徒刑改判为有期徒刑五年。

这里不讨论量刑，只讨论罪名定性。

按照这个罪名进行推理分析：

（1）许霆盗窃的是钱，被盗的钱原先放置在银行的ATM机中，也就是说，ATM机中的钱是银行的财产。

（2）ATM机中的钱来源于哪里？来源于储户（当储户将钱存入银行后，银行人员会将其中较新的钱分离出来，然后装入ATM机中）。

（3）在将钱存入银行之前，毫无疑问，这钱是储户的财产。

（4）财产的所有权具有唯一性或者说具有排他性，即同一笔财产（注意：是同一笔财产）要么属于你，要么属于我，要么属于他，不可能这笔财产既属于我又属于你（想想如果有人声称你钱包里的钱也是他的，你是否愿意）。

根据（1）~（4），按照许霆案件的罪名进行推理，可以得到以下结论：原本属于储户财产的这笔钱，经过存款这个行为，现在变成了银行的财产，不再属于储户。

当你把钱存入银行后，你会觉得这钱不再是你的财产了吗？

你依然会觉得这钱是你的财产，那么，根据财产所有权的排他性，这钱就不是银行的财产，既然不是银行的财产，那为什么盗窃ATM机中的钱就是盗窃金融机构的财产？

如果银行告诉你"当你把钱存入银行后，这钱就不再是你的财产了"，此时你还会把钱存入银行吗？

为什么存款失窃案件总是难以判决

银行卡被盗刷，存款单被冒领……银行和储户之间关于存款资金遭窃的案件总是持续不断，案件最后的审判结果各有不同，有些是储户胜诉，有些是银行胜诉。那么，在这类案件中，银行和储户之间的问责是如何厘清的？

这些案件所包含的法理概念之所以梳理起来困难，其中的关键原因就在于银行和储户之间的存款合约是保管合约与借贷合约的杂合体，而站在财产所有权的角度，保管合约与借贷合约是相互排斥的，这相当于画了一个正方形的圆，听上去非常奇怪，但事实的确如此。

当银行和储户之间发生存款资金失窃案件时，法庭不知道到底是按照保管合约判案，还是按照借贷合约判案。这正是审理这类案件会如此纠结的根本原因。

比如，储户的存单取款密码被窃取后，窃贼拿着储户的存单来到银行柜台前，可以方便地将存单上的所有存款全部取走。那么，在这个案例

第3章 重新解读一些经济现象

中，银行需要负责吗？

很多人会说，银行当然不需要负责了，因为银行规定，银行存单的密码校验一通过，视同存单开立者本人行为。想来的确如此，不过需要注意的是，这是站在储户的角度想问题，因为在储户看来，储户和银行签订的存款合约是保管合约，在保管合约中，只有寄托人（此处是储户）才有权提取货物（此处是货币），提取密码完全由寄托人全权掌控，因此，存款资金遭窃与银行无关。

可是，反过来，站在银行的角度想问题，就会看到另一个世界。

由于银行和储户签订的存款合约是借贷合约，那么在借贷关系中，资金遭窃会是一个什么情形呢？

为了说清楚这个问题，我们举个例子，甲借给乙一笔钱，那这笔钱的所有权就完全从甲转让给了乙，因为在借贷关系存续期间，乙对这笔钱拥有无可争议的处置权；甲既然将这笔钱借给了乙，那么，甲对这笔钱就无须过问了，随便乙怎样处置这笔钱，只要借贷关系一结束，乙连本带利返还给甲就行。也就是说，在借贷关系存续期间，甲借给乙的这笔钱无论是被乙用于消费，还是被别人窃取，甚至乙被诈骗损失了这笔钱，甲都无须关注，甲唯一关心的是，借贷关系到期后，甲作为债权人拿着债权证明书来到乙处，乙是否有能力偿还本金加利息？相同地，储户把钱借给了银行，就无须关注钱流向了什么地方，也无须关注钱以什么方式流向了目的地。换句话说，储户不必关心借给银行的钱是否被偷、被抢、被骗，储户唯一关心的是，借贷到期后，银行保证将本金加利息还给储户。

但是诡异的地方在于，作为债权证明书的存单，银行（债务人）却主动在其中加了一条规则——储户（债权人）可以拿着债权证明书随时来银行终止债权债务关系，不但不损失本金还有部分利息，而终止债权债务关系的方式竟然是凭密码校验！按常理来说，需要用密码校验来验证的关系明明是寄托和保管关系！相应地，通常终止债权债务关系的方式是借贷合同的到期注销；而且一般而言，借贷合约未到期时，要求提前终止债权债务关系的一方往往是债务人，而非债权人，即便真的是债权人要求提前终止，也要承受一部分本金的损失，哪里还有利息？更何况，债权人要求提前终止，也需要事先通知债务人，怎么可以随时提前终止？如果是非债权人本人来办理关于终止债权债务关系的事宜，还要有债权人本人的授权。原本一套完整严格的终止债权债务关系的流程，在银行和储户之间却简化成只要凭借密码校验就可以了。尤其令人感到震惊的是，凭密码校验这种手段其实是用于验证寄托和保管关系的。

对储户来讲，可以随时结束和银行之间的债权债务关系，等于是说，储户随时可以提取被借贷的资金，既然是随时都可以提取，那么储户就不会感觉到是把钱借给了银行，这也就意味着储户从没有感觉到失去货币的所有权（实质上明明是借贷关系，货币的所有权已经发生了转让），正是由于储户的这种心理感受，原本的借贷关系瞬间却变成了保管关系（也就是说，储户原先无须关注借给银行的钱是否被偷、被抢、被骗，现在却需要关注了，资金遭窃或被骗与自己有关了）。因此，储户虽然持有具有债权性质的存单，但并不在自己资产负债表的债权科目下做一笔记账，而是仍然记在货币资金科目下。所以，和银行的资产负债表一对比，同一笔货币产生了双重所有权的特性（既属于储户又属于银行，对于同一笔钱，储户可随时取出，银行可随时用于放贷）。

货币双重所有权的诞生，为银行和储户之间关于存款资金遭窃或诈骗的案件审判带来了无穷无尽的烦恼。

站在储户的角度看，存款资金遭窃责任在储户，与银行无关，因为储户和银行签订的是保管合约，提取密码完全由储户全权掌控；站在银行的角度看，存款资金遭窃责任在银行，与储户无关，因为银行和储户签订的是借贷合约，储户的钱已经完全借给银行了，银行对这笔钱拥有完全处置权，储户无须关注用钱的过程、钱的流向、钱的流转方式，只需关心借贷到期时银行是否能连本带息偿还。

任何一份有效的合约都有权利对应的双方。比如，在买卖合约中，有买方和卖方；在保管合约中，有寄托人和保管人；在借贷合约中，有债权人和债务人。在一份合约中，如果只有一方，而没有权利对应的另一方，那么可想而知，此合约中约定的事项就是无效的，则合约也是无效合约。

如果存款合约是保管合约，储户是寄托人（因为储户可以随时把钱从银行取出来），那么保管人是谁？如果是银行，那为什么储户作为寄托人不向银行支付保管服务费？

如果存款合约是借贷合约，银行是债务人（因为银行需要支付利息给储户），那么债权人是谁？如果是储户，那为什么储户的资产负债表内科目没有体现出债权人特征？

因此，银行和储户之间签订的存款合约，是保管合约与借贷合约的杂合体，有寄托人没保管人，有债务人没债权人，其实就是一份无效合约。

为什么要实行存款保险制度

所谓存款保险制度，就是当银行面临破产倒闭时，由存款保险机构向储户支付不高于某个限额的货币资金（这个限额在各个国家或地区都不一样，美国是25万美元，欧元区是10万欧元，日本是1000万日元，中国是50万元人民币）。

听上去似乎很不错，这一制度保护了储户的利益。可是大家有没有想过这样一个问题：你存入银行60万元，之后，这家银行不幸破产，于是存款保险机构支付给你50万元，那么请问，损失的那10万元去了哪里？

原本存入银行前，60万元货币的所有权属于你，假如存入银行后，60万元货币的所有权依然属于你，那为什么最后你只得到50万元货币？这足以证明，当把钱存入银行后，60万元货币的所有权从你这里转让给了银行，具体来说就是，银行通过借贷（向你借钱）获得了货币的所有权，储户将钱存入银行，就是将钱借给银行，储户成为银行的债权人。

正是因为储户是银行的债权人，而银行作为债务人可能会在未来的经营过程中破产，为了在一定程度上保护债权人（注意：只是在一定程度上，而不是用破产清算资产100%保护债权人），于是推出了存款保险制度。如果储户和银行之间是寄托人和保管人的关系，何必需要存款保险制度？

想不明白？反过来思考一下，假设你把1000万元货币交给一家机构保管，由于你们之间签订的是保管合同，那么钱的所有权没有从你这里转让出去，因此，无论这个保管人是否破产倒闭，你都可以随时拿走你的1000万元货币。原因很简单，因为保管人不具有这1000万元货币的所有权，所以当保管人破产倒闭时，是绝对不能用这1000万元货币进行破产清算的。这1000万元货币一直安全地躺在库房里，而保管合同就像仓单一样，可以随时以此为凭证取回1000万元货币。

回到前面说的，当银行破产倒闭时，储户得不到高于某个限额的货币资金，既然得不到，那就证明储户的存款所有权被转让了，因此推行存款保险制度本身已经说明，把钱存入银行等于是储户让渡了存款所有权，从而使得银行可以随时动用这笔钱，但诡异的是这笔存款却依然记在储户资产负债表中随时可以动用的货币资金科目下，即银行和储户双方都可以随时动用这笔钱。

还是那个问题，请问，这笔存款的所有者到底是谁？

第3章 重新解读一些经济现象

为什么货币总额如此之高依然出现流动性紧缩

广义货币 M_2 总额不断增长是事实，财经媒体经常报道银行体系出现流动性紧缩也是事实。两件事情一联系，不免让人产生疑问：为什么货币总额如此之高依然出现流动性紧缩？

要回答这个问题，依然需要从部分准备金制度说起。

在部分准备金制度下，货币分为两大类：基础货币和派生货币（简单地理解，派生货币就是银行存款）。基础货币＝纸币（包括硬币）＋准备金。

在现代银行清算体系中，实际能流动的只有基础货币。各家商业银行在央行的结算系统中都设有准备金账户，一旦货币资金需要流动，表现为各家银行准备金账户之间的轧差。因此，数量远多于基础货币的派生货币一旦出现流动的需求，只能依靠基础货币。

所以，当需要流动的派生货币数量大于基础货币数量，那么在短时间内，立刻会出现货币系统的宕机。当需要流动的派生货币数量接近于基础货币数量，那么，在一段时期内，货币系统会出现紧缩不够用的现象。

举个例子说明这些观点。

一家银行，资产侧有基础货币1亿元，负债侧有存款10亿元。这家银行能应对的储户提取纸币的上限是1亿元，或者能应对的储户转账资金的上限是1亿元。当提取纸币金额和转账资金金额超出1亿元时，这家银行立马出现兑换和支付危机。这时候应该怎么办？可以向其他银行拆借资金。但是，当其他银行同样也出现兑换和支付危机，即发生全局性的兑换和支付危机时，只有央行出手，增加基础货币数量，提供流动性。

派生货币来源于银行贷款，而贷款到期是需要偿还的，派生货币创造出来后，又投资于各种债券、P2P平台、理财产品。

那么，当银行贷款到期、债券到期、P2P平台有提现要求、理财产品到期赎回时，即当这些情况在一段时间内同时发生（比如，大家都要提取现金、都有转账需求，即发生全局性的兑换和支付危机时），这意味着，需要流动的派生货币数量大于基础货币数量，货币系统开始摇摇欲坠，于是，央行为挽救货币系统、挽救部分准备金制度，只得扩张基础货币，提供流动性。

在现代银行清算体系中，部分准备金系统反复出现钱荒是个必然现象：假设基础货币数量不变，那么随着商业银行的贷款余额（派生存款总额）增加，整个银行中可动用的资金将越来越少。用公式表示为：可动用资金=基础货币-存款总额×存准率（或者超额准备金=基础货币-法定准备金），所以当出现钱荒时，为缓解流动性，央行要么放水增发基础货币，要么下调存款准备金率，使得可动用的资金总量得以增加。

为什么布雷顿森林体系会解体

布雷顿森林体系是二战结束以后实行的以美元为中心的国际货币体系。

以下简单介绍这套体系的运作方式：

（1）美元与黄金挂钩，确立1盎司黄金等于35美元的固定价格；

（2）美元是各国外汇储备中最重要的国际储备货币，美元的地位等同于黄金；

（3）各国货币与美元挂钩，通过挂钩的比例确定该国货币与美元的汇率；

（4）各国政府或央行可以用美元向美国兑换黄金，按照1盎司黄金等于35美元的兑换比例进行兑换。

第3章 重新解读一些经济现象

从货币发行角度看，以上四点可以做以下解读：

美国以黄金为抵押品（或者说担保品）发行美元，抵押1盎司黄金就发行35美元；其他国家以美元为抵押品发行该国货币，假如抵押1美元发行2澳元，则美元和澳元的汇率就是1:2；其他国家可以用美元向美国兑换黄金，兑换比例是1盎司黄金等于35美元。

布雷顿森林体系就是以这样一种方式，从1944年7月一直运作到1971年8月。其实，早在20世纪60年代后期，美国由于黄金储备的大量流出，已经没有了维持1盎司黄金等于35美元的兑换能力。1971年8月15日，尼克松总统宣布停止黄金兑换义务，布雷顿森林体系解体，美元对黄金贬值，不再与黄金挂钩；黄金价格从1971年8月的35美元每盎司，涨到了1980年1月的850美元每盎司。

问题在于，到底是什么原因导致布雷顿森林体系最终解体？

经济学家们给出了很多答案：储备制度不稳定、国际收支调节机制存在缺陷、经济体内外平衡难统一等。这些答案往往冗长而复杂，让人感觉不知所云。

事实上，真正的原因很简单：当美元作为抵押品发行了其他国家的货币后，该国的货币发行方（一般是央行）就不能将这部分美元用于国际支付或国际投资，否则会引起经济乱象，最终导致布雷顿森林体系瓦解。

为什么这么说？举一个例子说明一切。

（1）A国以黄金为抵押品发行货币A，抵押1盎司黄金发行100元A币。

（2）B国以A币为抵押品发行货币B，抵押100元A币发行100元B币，即货币A和货币B的汇率是1:1。

（3）当作为抵押品的100元A币没有在市场上流通时，则意味着在A与B两国经济体中，1盎司黄金对应着100元B币，由于货币A和货币B

的汇率是1∶1，即在A与B两国经济体中，1盎司黄金对应着100元A币，也就是说，黄金与黄金兑换券在数量上是一一对应的。

（4）反过来，当作为抵押品的100元A币在市场上流通时，则意味着在A与B两国经济体中，1盎司黄金分别对应着100元A币和100元B币，由于货币A和货币B的汇率是1∶1，即在A与B两国经济体中，1盎司黄金对应着200元A币，也就是说，黄金与黄金兑换券在数量上没有做到一一对应，黄金券超发了。

（5）在上述条件下，经济乱象表现为A与B两国物价上涨，黄金价格也处于上升趋势，B国趁着A国的布雷顿森林体系还未瓦解，赶紧将手中的A币兑换成黄金，于是A国的黄金储备不断外流。

（6）将以上A与B两国经济体扩大为A、B、C、D、E、F、G等国，其他国家纷纷效仿B国，向A国兑换黄金，A国最终无法维持100元A币兑换1盎司黄金，于是布雷顿森林体系解体。

也许有读者会问，为什么当美元作为抵押品发行了其他国家的货币后，该国不能将这部分美元用于国际支付或国际投资？

对此，我们可以先思考另外一个相似问题：当美国以黄金为抵押品发行美元后，美国可不可以用这些黄金到国际市场上购买物资或进行国际投资？

答案是不可以。原因在于，假如美国把作为美元抵押品的黄金用于购买国际物资，那么当其他国家拿着美元向美国兑换黄金时，美国则没有足够的抵押品黄金用于维持当时的兑换比例。想明白了这一点，也就理解了"为什么当美元作为抵押品发行了其他国家的货币后，该国不能将这部分美元用于国际支付或国际投资"。

我们还可以从权属上解读这个问题：当抵押黄金发行美元时，美元就是黄金的兑换券，谁持有美元，谁就能兑换到黄金，因此美元其实是抵押品黄金的物权凭证，即谁持有美元，谁就拥有黄金的所有权，从而拥有对黄金的处分权；美元的发行方并不持有美元，只是把美元发行出去，所以当美国（比如美联储）以黄金为抵押品发行美元后，美联储就无权用这些黄金到国际市场上购买物资或进行国际投资。

为什么"消费拉动经济"是错的

虽然"消费拉动经济"不属于货币金融学的研究范畴，但是这个错误的观点流传得如此之广，因此有必要作出纠正。

先来说一下"消费拉动经济"的逻辑：消费者花钱，企业家得到钱，企业家再生产，财富产出，于是经济增长。

这种逻辑有一个致命的漏洞，既然是"消费拉动经济"，那为什么企业家得到钱后没有去消费，而是投入再生产环节呢？其实，这反而在证明是生产拉动经济，而不是消费拉动经济。

我们还可以从另一个角度论证"消费拉动经济"的谬误：所谓消费就是在消耗商品，相应地，所谓生产就是在制造商品。当社会上的商品生产速度大于商品消耗速度，这个社会的经济就是在发展的；反之，当商品生产速度小于商品消耗速度，这个社会的经济就是在萎缩的。所以，现在应该清楚了到底是"消费拉动经济"，还是"生产拉动经济"。把"社会上的商品生产速度大于商品消耗速度"称为净生产状态，把"社会上的商品生产速度小于商品消耗速度"称为净消费状态，很容易看出，到底哪种状态对经济有利。现在还有人认为"消费拉动经济"吗？

2020年年初，新冠疫情肆虐，许多行业暂时停摆，仅仅到了3月，各大媒体就开始争相呼吁"尽快、全力、全面地复工，恢复生产"，这已经充分说明"消费拉动经济"这个观点是错的。如果"消费拉动经济"是正确的，为什么媒体不去呼吁"尽快、全力、全面地恢复消费"？

消费就是在消耗,生产就是在新增。当消耗大于新增时,经济怎么可能会增长?

当我们经历了新冠疫情对经济的影响后,可以清晰地得出一个逻辑:只有恢复了生产,才能逐步恢复消费。

第4章

关于比特币

比特币系统中其实有一家隐形央行

（一）

一个人如何得到比特币？有两种方法：一种是别人支付比特币给自己；另一种是自己参与比特币这套系统的挖矿活动，成为矿工，在挖矿竞争中胜出获得区块打包权，从而得到比特币。当然，如果读者不了解什么叫挖矿、什么叫区块，没关系，我们用更直白的语言描述：第一种方法就是从现有的存量比特币中获取，第二种方法就是从生成比特币的源头那里获取新增出来的比特币。

第一种方法比较容易理解，这里主要论述第二种方法。

很多人纠结于挖矿过程的技术细节，比如区块链的工作原理、区块的内容结构、哈希函数的输入输出、工作量证明、交易确认甚至拜占庭将军问题等。其实他们都忘了问一个关键问题：当一个挖矿的矿工获得区块打包权时，到底是"谁"把新增的比特币支付给这个矿工的？

这个问题正是比特币的发行本质：到底是"谁"在发行比特币？

（二）

让我们先用最简单、最通俗的语言把比特币系统中的一些基础概念讲解清楚。

什么叫区块？很简单，所谓区块，就是将一段时间内的所有比特币交易记录打包成一个数据块。平均而言，每 10 分钟，就会有一个新的区块产生；每个区块都有自己的编号，从第 0 号开始（第 0 号区块被称为"创世区块"），之后编号顺次递延，到 2021 年 12 月，比特币系统的区块编号已经到达了第 712000 号左右，区块的编号也称为区块链的高度。

图 4-1 表示某区块中的一条比特币交易记录，图中的箭头表示支付方向。

```
Fee    0.00000336 BTC                                                      0.00021557 BTC
       (1.493 sat/B - 0.586 sat/WU - 225 bytes)
       (2.333 sat/vByte - 144 virtual bytes)

Hash   e1e7f1b77404226d80671d088b2e1978a8cfb5f99859e66d2...               2021-11-16 22:38

       bc1qlg3lukyq8y23nzezwd2aka28dflzzy...  0.00021893 BTC ➡  18pLH9FsGtaueD6XGxRCrEq33Tcb1Q6...  0.00003280 BTC
                                                                bc1q898p2egyg5ggu40sg7drhu06p3n...  0.00018277 BTC
```

图 4-1　某区块中的一条比特币交易记录

资料来源：https://www.blockchain.com/explorer?view=btc，在该网站可查看任何一个区块内的交易记录。

那什么叫作区块链？所谓区块链，其实就是各个区块的链接，即自比特币系统诞生以来，截至当前，所有时间内所有比特币交易记录的数据集成。图 4-2 是区块链示意图。在比特币这套网络系统中，联入该网络的各节点之间都可相互复制这些数据，比如，新增节点 A 将自身的区块链高度与存量节点 B 的区块链高度作比较，A 将复制 A、B 之间的区块链高度差值，以求与全网其他各节点的数据保持同步一致。

刚才说到"区块，就是将一段时间内的所有比特币交易记录打包成一个数据块"，这个打包工作是需要有人（或者说比特币网络中的节点）来操作的，而有很多人愿意去操作这项工作（因为某人一旦获得区块打包

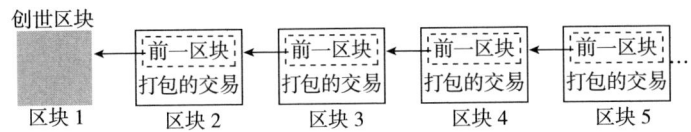

图 4-2 区块链示意图

资料来源：相关网络。

权，作为奖励，此人将得到相应数量的新增的比特币），但实际上打包工作仅仅需要一人，因此这就需要从多个人中竞争出一个人。所以，所谓挖矿，就是指竞争当前区块的打包权，只要参与了挖矿竞争这项工作，就可以成为矿工。

既然有竞争，那么这个竞争的机制是什么？这个竞争机制说来也非常简单：所有参与挖矿的节点计算机（矿工的矿机）开足马力，不停地作哈希运算，直到某个节点运算出的哈希值符合比特币系统设定的规则（该规则是指运算出来的哈希值足够小），则该节点胜出，获得当下区块的打包权。此时，由比特币系统分配给该节点相应数量的新增比特币（目前这一数量是 6.25 个比特币），表现为该节点矿工的比特币账户（其实是比特币系统中的一个地址）的余额增加 6.25。除此以外，当前区块中每笔交易产生的手续费用也会奖励给该节点矿工。之后，所有参与挖矿的节点计算机去竞争下一个区块的打包权，依次循环。

（三）

比特币的生成机制到此已讲解完毕，接下来就是比特币用户使用比特币互相交易支付。相比现实金融世界，比特币的交易支付都是点对点的，也就是说，不需要一个结算中心帮助两个人支付，即去中心化。

比特币的"去中心化"是最吸引大众的说辞。

看到这里，大家估计在想：这跟本章的标题有什么联系呢？

请大家先回头仔细看一看图 4-1，即一笔比特币的交易支付记录存储在某个区块内，之后再看图 4-3，注意左下角那行字——COINBASE（Newly Generated Coins）。

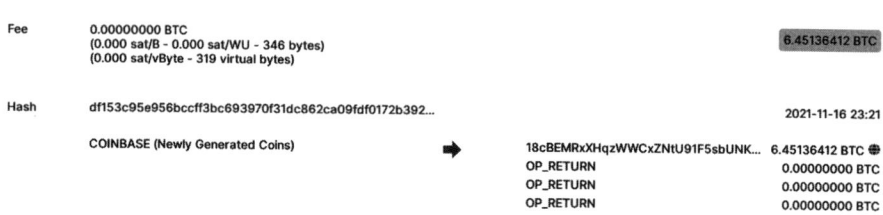

图 4-3　每个区块中的首条比特币交易记录

先要说明一下，比特币系统中每个区块的首条交易都记录着以下内容：哪个节点打包了该区块、该节点获得了多少被系统分配的新生成的比特币数量，以及这个区块所有交易者支付给该节点的交易手续费。

对比图 4-1 可以发现，新生成的比特币的来源是同一个名称——COINBASE（Newly Generated Coins）！注意，每一个区块的首条记录都是这样！

但凡研究货币理论者，看到这张新比特币的生成图，立刻会本能地引起警觉——到底是"谁"在生成新的比特币，并把这些新比特币支付给获胜的挖矿节点？（一套货币理论中最根本的就是要解决这些问题：谁在发行货币？其是如何发行货币的?)

翻查比特币的技术文献得知，区块的首条记录被称为 COINBASE 交易，也叫作 Generation 交易，翻译为"生成交易"，比特币的其他普通交易都是交易已有的比特币（或者说普通交易都有父交易），而生成交易则是无中生有地生成新的比特币（或者说 COINBASE 交易没有父交易）。

之前说到当某个节点运算出的哈希值符合比特币系统设定的规则时，则该节点胜出，获得当下区块的打包权，此时，由比特币系统分配给该节点相应数量的新增比特币。也就是说，比特币内在的算法本身就是比特币的发行方：当运算出来的哈希值符合算法规则时，算出该哈希值的节点所对应的账户立刻增加余额。

现在我们已经提炼出了比特币的生成过程细节，那么结合货币理论，比特币是这样产生的：比特币内在算法本身正是整套系统的隐形央行，这家央行以哈希值为抵押，发行比特币，即哈希值处于该央行的资产方，发行出来的比特币处于负债方；哈希值的运算源于计算机算力和上网时长，特别需要注意的是，哈希值、计算机算力、上网时长都不是财货，也就是说，比特币的生成和现有的法定货币一样，都是央行凭空产生的货币。

如果读者记不住前面的大段论述，那只需要记住表4-1，这张表正是比特币发行机制的本质。

表4-1 比特币央行资产负债表

资产方	负债方
哈希值	比特币

（四）

以上是对比特币发行机制的定性描述，接下来进行定量的描述：哈希值与比特币的数量关系。

也许读者会说，这个关系式前面已经给出了，算出一个符合条件的哈希值，发行6.25个比特币。

笔者要告诉你的是，目前的确是这个数量关系式，但之前是算出一个符合条件的哈希值，发行12.5个比特币，而最开始是50个比特币！即随着时间的推移，这个数量以1/2等比减少。换句话说，同样都是运算出来的哈希值，却可以发行不同数量的比特币！也就是说，同样的抵押品，却发行不同数量的货币！由此看来，哈希值这种抵押品有先来后到之分，不同哈希值拥有不同的地位。抵押品有地位高低之分，但发行出来的比特币在市场上却拥有同样的地位——因为都是一样的交易价格！

你是不是很惊讶？让你感到更惊讶的是，计算哈希值的难度随着挖矿节点的增长而变得越来越大（或者说随着比特币全网节点算力总和的增长而变得越来越大）。自比特币系统创立以来，参与挖矿的节点逐年呈指数增长态势，也就是说，你越早参与挖矿，计算哈希值越容易，并且得到的比特币数量越多；反之，你越晚参与挖矿，计算哈希值越难，并且得到的比特币数量越少。是不是感觉很荒唐？大家可以登录比特币区块查询网（https：//www. blockchain. com/explorer? view = btc）查询近期的区块和早期的区块，比较一下两者的难度值，真的是有天大的差距！比如，第100号区块的难度系数（Difficulty）是1.00，第712000号区块的难度系数是2.23×10^{13}，真是天文数字级别的差距。

作为一套后天的、运用密码算法设计出来的货币系统，比特币系统就应该做到而且可以做到公平公正，至少发行货币的规则应该修改如下：计算出哈希值的难度越大，获得的比特币数量越多。

（五）

许多人还认为比特币系统的挖矿等同于现实世界中的挖黄金，这是很大的误解。

第一个误解：因为比特币和黄金一样，都是越挖越少，所以两者都是越来越难挖。这样的理解不对，对于黄金，的确是越挖越少，难度逐渐加大，但对于比特币却不是这样。因为我们现在已经知道，"计算哈希值的难度（也就是挖矿的难度，或者说获得比特币的难度）是随着挖矿节点的增长越来越大"，也就是说，获得比特币的难度和剩余未挖出来的比特币数量根本无关。反观黄金，你挖黄金的难度不会随着挖黄金人数的增长而加大。如果你还是不明白，那举个例子你一下子就会清楚：假如全世界只有你一个人在比特币挖矿，你会很容易获得比特币，根本没有难度；而挖黄金呢，假如全世界只有你一个人在挖黄金，你挖黄金的难度会减小吗？黄金的探矿、开采、提炼、成型，每一个步骤的难度都没有因为全世界只有你在做而降低！所以，虽然两者都是越来越难挖，但难挖的原因却有着本质的不同。

第二个误解：因为比特币挖矿需要计算哈希值，而哈希值的计算需要大量的计算机算力，并消耗大量电力，而挖黄金需要挖矿设备，也一样要消耗大量能源，所以比特币挖矿和挖黄金本质一样。这样的理解初看起来没有什么问题，但我们需要知道的是，这样的理解有一个预设的立场，那就是这是站在成功获得了新增比特币的立场上看问题！对于那些同样也参与了比特币挖矿，但没有在挖矿竞争中胜出的矿工（或者矿池）而言，他们付出的计算机算力和大量电力都白白浪费了（大部分人没有看清这个预设立场，是因为人总是存有侥幸心理）。但反观挖黄金，不存在挖黄金竞争胜出机制，只要参与了就可以有收获！所以，虽然两者都需要"挖"的设备，都需要消耗资源，但得到的结果却有着本质的不同。

（六）

笔者估计读者还会问这样一个问题：既然挖矿获得比特币的数量从 50 开始等比减少，那网上一直流传的"比特币数量上限是 2100 万"是怎么算出来的？还有，为什么是到了 2140 年才会达到上限 2100 万？为什么每过 4 年新增比特币的数量会减半？

事实上，2100 万个比特币是近似值，精确值是 20999999.97690000 个比特币，0.00000001 个比特币 = 1 个聪，取"聪"的原因在于纪念中本聪。《比特币总量为什么是 2100 万？》（http：//www.btc001.net/btc/2764.html）这篇网络文章对这些数字的来龙去脉有详尽的解释：文章中有一个"比特币生产时间表",从表中我们可以读出很多有用的信息。

我们先来看表格中最前面和最后面的两行,见表4-2。

表4-2 比特币生产的开始阶段和最后阶段

起始区块	阶段	比特币/区块	年	阶段产量	阶段结束总量	已产占比
0	1	50.00000000	2009.007	10500000.00000000	10500000.00000000	50.00000006%
210000	2	25.00000000	2013.000	5250000.00000000	15750000.00000000	75.00000008%
6720000	33	0.00000001	2136.774	0.00210000	20999999.97690000	100.00000000%
6930000	34	0.00000000	2140.767	0.00000000	20999999.97690000	100.00000000%

由表4-2我们可以看出,要把所有的比特币全部产出,共分成33个阶段,每个阶段共有210000个区块,共计6930000个区块,从第34个阶段开始(该阶段起始于2140年9月),即便矿工打包了区块,比特币系统的隐形央行也不再分配新增比特币了,因为2100万个比特币已经全部分配完毕。有意思的是,在第33个阶段,矿工每打包一个区块,被分配到的新增比特币数量是0.00000001个,不知道那时(2136年)比特币的价格是多少,以及是否可以让矿工有足够的动力去挖矿。

我们再来看表格中间的几行数据,见表4-3。

表4-3 比特币生产的中间阶段

起始区块	阶段	比特币/区块	年	阶段产量	阶段结束总量	已产占比
420000	3	12.50000000	2016.993	2625000.00000000	18375000.00000000	87.50000010%
630000	4	6.25000000	2020.986	1312500.00000000	19687500.00000000	93.75000010%
840000	5	3.12500000	2024.978	656250.00000000	20343750.00000000	96.87500011%
1050000	6	1.46250000	2028.971	328125.00000000	20671875.00000000	98.43750011%

注意看最后一列数据"已产占比",再结合之前的四行数据,可以明显看出新增比特币的数量随着时间的推移在迅速减少,其实比特币的生成规则"每阶段新增比特币数量以50为基数以1/2等比减少"从一开始就决定了比特币的新增速度会不断降低。另外,从"已产占比"数据中,我们可以再一次看清比特币挖矿不等同于挖黄金,因为黄金的新增年产量稳定在2%~

3%，这也算是大家把比特币类比于黄金的第三个误解。

我们知道，目前很多人（包括那些主流经济学家）担心通货紧缩，认为"多发货币可以拉动经济"，但是结合上面展示的一系列比特币新增速度数据，只要稍作思考，立刻就可以发现问题：如果他们认为"多发货币可以拉动经济"，同时认为"比特币（新增速度不断在降低直至为0）可以成为未来主要货币，从而看好比特币"，那么请问，他们的逻辑在哪里？

前面说到"要把所有的比特币全部产出，共分成33个阶段，每个阶段共有210000个区块，共计6930000个区块"，而每个区块对应一个符合算法规则的哈希值，那么也就是说要生成2100万个比特币，一共要运算6930000个符合算法规则的哈希值，如此，我们可以把之前定性的比特币央行资产负债表加以细致的量化，见表4-4。

表4-4 细化后的比特币央行资产负债表

资产方	负债方
1阶段210000个哈希值	10500000个比特币
2阶段210000个哈希值	5250000个比特币
3阶段210000个哈希值	2625000个比特币
4阶段210000个哈希值	1312500个比特币
……	……
33阶段210000个哈希值	0.0021个比特币

哈希值的计算难度越来越大，但依此抵押发行出来的比特币数量却越来越少，这严重违背了货币生产的伦理。

行文至此，关于比特币的生成可以做一个比喻：中本聪出了一道数学题，此题一共有693万个答案，因为算出这些答案需要一定的电脑运算力，所以我们要用到挖矿计算机；每算出一个答案，就由比特币系统分配相应数量的比特币（该数量随着时间的推移会等比递减），并且用区块链技术进行全网广播；答案的计算一开始很容易，随着答案不断被计算出来，算出后续的答案会越来越难。

（七）

我们已经知道，挖矿的难度是逐渐加大的，而且挖矿获得新增比特币的数量逐渐减少，现在来假设一种情况：假如比特币在市场上的交易价格保持不变甚至下跌，那么是否还会有很多人愿意加入挖矿活动？

对于比特币这套系统，在挖矿获得新增比特币数量越来越少、计算哈希值越来越难的情况下，如果仍旧想要吸引更多的人持续进来愿意挖矿，那么方法只有一个：让比特币的市场交易价格越来越高，让挖矿的人觉得有利可图。当然，再说下去，也许就有阴谋论的味道了。

中本聪发明这套比特币系统的用意到底是什么？

估计他的本意是想做一个尝试，看看能否将学术理论应用到实际中，因为他和你我一样，都感觉到了当今法定货币在不断滥发，甚至还预感到法定货币最终会走向崩盘（他在创世区块留下的那句话可以间接证明这一点：The Times 03/Jan/2009 Chancellor on brink of second bailout for banks. 意为：2009 年 1 月 3 日财政大臣正站在第二轮救助银行业的边缘）。因此，作为一个学者的中本聪，我们愿意相信，拥有济世情怀的他，想设计一套不会滥发的货币系统。但是，由于他只是一个密码学家，欠缺货币金融理论，所以他设计出来的这套比特币系统依然没有摆脱"央行凭空创造货币"的窠臼，甚至至今还没有建立信贷规则（包括贷款担保规则、抵债偿还规则等）。目前出现的比特币 P2P 借贷，并不是真正意义上的比特币信贷，因为它不是使用比特币本身作为货币发生借贷关系，而是使用比特币这项数字资产质押给 P2P 平台，从而获得法定货币借贷资金。

（八）

综上所述，比特币的发行不是去中心化的，比特币这套系统中其实隐含着一家发行货币的央行,所谓比特币的去中心化,仅仅指的是比特币的点对点交易支付网络。

比特币系统中的每个区块的首笔交易都记录了新增比特币的发行过程:当矿工经过计算获得符合系统规则的哈希值时(俗称挖矿获得区块打包权),比特币这套网络系统的"货币发行方"(其实就是那家隐形的比特币央行)立刻分配给该矿工相应数量的比特币。

从货币理论来看,这个过程其实就是以哈希值为抵押,发行了比特币,再进一步,哈希值的运算源于计算机算力和上网时长,哈希值、计算机算力、上网时长都不是财货,也就是说,比特币的生成和现有的法定货币一样,都是央行凭空产生的货币。

比特币系统中只有基础货币,没有派生货币,只有基础货币的原因在于,和当今法定货币系统相比,比特币这套系统中没有产生比特币的双重所有权,这是最大的优点(也许是唯一的优点)。

比特币这套已经创立了10多年的系统至今还只能用于交易支付,没有建立信贷规则(包括贷款担保规则、抵债偿还规则等),甚至还在为自身的一些技术难题而头疼,比如低效的交易(受限于区块的扩容难题)、自私矿工隐藏区块使得诚实矿工工作无效的问题、理论上永远存在51%算力攻击问题、集成电路矿池早已违背了中本聪原来设定的一个CPU一份投票权的本意等。读者如果想具体了解这些技术细节,可以在巴比特网站上(www.8btc.com)找到相应的技术文档。

当然,笔者列举比特币系统的技术缺点并不是想变相地为当今法定货币系统叫好,当今法定货币系统和比特币系统一样,在货币发行的初始源头就充满了重重问题,货币发行出去之后形成的存款(存款合约)也充满了不可克服的法理矛盾,法定货币系统就像一张巨大的网,覆盖了全球每一个角落,其固有的问题与缺陷深刻影响了这个星球上每一个人的财富甚至思维模式。

比特币的最终结局会怎样呢？中本聪于 2010 年 2 月在 bitcointalk.org 上曾有一句耐人寻味的话：I'm sure that in 20 years there will either be very large (bitcoin) transaction volume or no volume（我确定在 20 年里，用比特币作交易支付的数量要么巨大，要么完全没有）。注意，他说的是"确定"，交易数量如果为零，则市场交换价格归零，如果比特币的未来价格归零，那么我们将会看到，由于中本聪所获得的比特币（据估计是 90 万～150 万个比特币）从来没有用于市场交换，所以那时他不会成为大家痛恨的对象；反之，如果中本聪在比特币的未来价格归零之前，将自己持有的比特币都出售出去换取世间财富，那可想而知，到了比特币的价格归零之时，中本聪将如何面对全世界的比特币玩家！这就是为什么中本聪总是不动用他的比特币，因为他在考虑未来可能出现的对自己而言最差的情况，他要做好最坏的打算，他毕竟还是有点济世情怀的。

（九）

以下纯属猜测，请勿当真：

正是因为中本聪有着这样巨大的担心，所以一直以来他隐姓埋名，大家以后也不要指望中本聪会公开真实身份，因此但凡出现自称是中本聪的人，我们看到的结果是，这些人无一例外地都被证伪（拥有最多证据证明自己是中本聪的澳大利亚籍企业家 Craig Steven Wright，他的验证材料充满了争议和疑点，而且，作为一个企业家，不太可能静下心来钻研这种技术含量相当高的加密货币，也不太可能会在创世区块中写下那句颇具情怀的话）。退一步讲，即便有人真找到了中本聪，以他的身手，也会反过来从技术上证明他不是中本聪。

甚至，2010 年 8 月那次比特币系统遭遇的攻击事件（当时黑客利用系统的大数溢出漏洞，绕过平衡检查，瞬间新生成 1844 亿个比特币）直接或间接与中本聪有关，因为中本聪很有可能已经看到了比特币发行机制上的缺陷，而且作为"比特币之父"，他比谁都清楚比特币系统的命门在哪里，因此，出于对未来的考虑，他想亲手毁灭比特币这个怪胎。

真实的中本聪自 2010 年 12 月就在互联网上销声匿迹了，请大家注意这几个时间点：2009 年 1 月创立比特币、2010 年 2 月留下意味深长的话、2010 年 8 月比特币的发行机制遭到攻击、2010 年 12 月中本聪消失，中本聪知道他已经无法制服他的这个"孩子"了，接下来的事态发展他也控制不住了，他更不想看到自己的担心成为现实，也许他已经遭遇不测，所以他的比特币账户从来就没有出现过出账的痕迹。

世人都喜欢谈论比特币的市值有多高，而这市值并不能说明什么。假如苹果公司发行苹果币，以苹果公司在全球的影响力以及遍及世界的"果粉"，不难想见，几乎在一夜之间，苹果币的市值就会超出比特币市值。

从源代码层面解读比特币的单位是如何定义的

（一）

很多人认为比特币是一种货币，甚至可以成为未来世界的货币，然后用了很多理论来论证比特币是一种好的货币、一种自由的货币。

关于货币，最初始的一点在于货币的单位是如何定义的。

如果比特币是一种货币，那么，比特币的单位是如何定义的？

我们首先要问一句：比特币的单位是什么？

有些人会说比特币的单位是"个"，如 1 个比特币、0.5 个比特币。这种说法的错误之处在于混淆了量词和货币单位。举例说明，比如一张 50 元纸币、一张 100 元纸币，难道"张"是纸币的货币单位？如果"张"这个量词是货币单位，是不是意味着一张 50 元纸币和一张 100 元纸币是等同的？显然不是！

还有些人会说比特币的单位是 BTC。这种答案让人哭笑不得，因为 BTC 是比特币英文 bitcoin 的缩写，把比特币英文的缩写当成比特币的单位，这不是循环论证吗？还有些人会说比特币的单位是"聪"，1 比特币 = 100000000 聪。如果"聪"是比特币的单位，那"聪"又是如何定义的呢？

喜欢比特币的人估计现在会反问一个问题：那 1 美元、1 元人民币是如何定义的呢？

我们以美元为例作说明。历史上，美元单位的定义一直在变，最近 50 年，美元单位定义的改变有几个关键的时间点：1971 年之前，1 美元定义为 0.88867 克黄金；2008 年之前，1 美元定义为 1 美元美国国债；目前，1 美元定义为 50% 的美国国债和 50% 的 MBS 债券。虽然美元单位的定义一直在变，但至少有一个明确的定义，其实，货币单位的定义正是发行货币的依据。

现在回过头来看看，比特币的单位"聪"是如何定义的呢？笔者可以肯定地说，大部分比特币爱好者回答不上来。

要回答"聪是如何定义的"这个问题，必须去看比特币系统的源代码是如何编写的，因为比特币是由程序生成的。

但即便拿到了源代码，到底看哪一段代码也是一个问题。几万行的代码，不可能全部看完，也不必全看，因为我们想要知道的是比特币单位的定义，所以只需要看生成比特币的那段代码，而比特币的生成和挖矿有关，因此我们要看矿工挖矿获得区块打包权后获得比特币奖励的那段代码。

（二）

比特币的源代码在 github 网站中可以找到，具体网址是 https：//github.com/trottier/original-bitcoin。

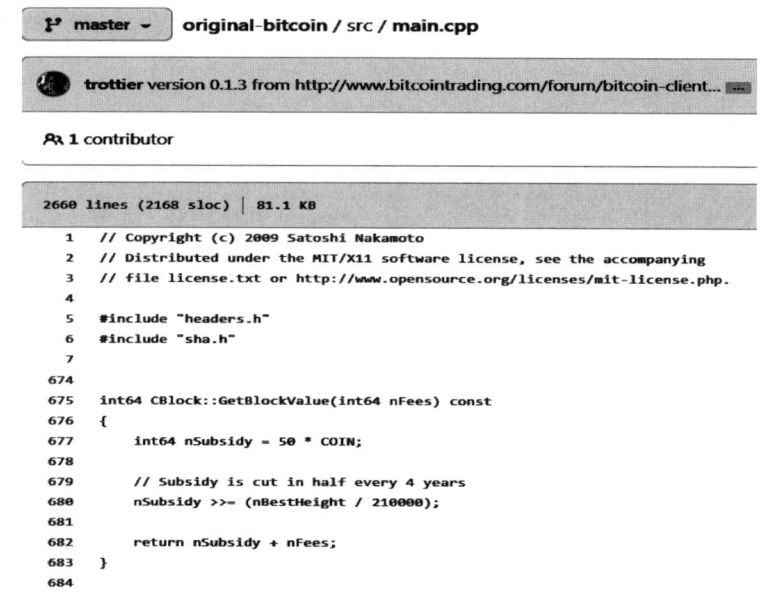

图 4-4　GetBlockValue 函数源代码

比特币的源代码是 C++语言。图 4-4 展示的是挖矿获得区块打包权奖励的源代码，即 GetBlockValue 函数源代码，这段代码在主程序 main.cpp 中，里面的 nSubsidy 就是矿工获得新增出来的比特币数量。初始阶段，"nSubsidy =50 * COIN"，"//Subsidy is cut in half every 4 years"是一句备注说明，表明新增出来的比特币数量 nSubsidy 这个值每 4 年减半，其实是每生成 210000 个区块，nSubsidy 这个值减半，用"nSubsidy >>=（nBestHeight/210000）"语句右移 nSubsidy 的二进制之值实现，右移的位数由"（nBestHeight/210000）"实现。从这段代码中也可以看出，GetBlockValue 函数正是比特币系统中的货币发行中心。

因为 nSubsidy = 50 * COIN，也就是说 COIN 是 1 个比特币，所以比特币的单位定义要看 COIN 的定义。那么 COIN 是如何定义的呢？在比特币源代码的头文件 main.h 里，见图 4-5。

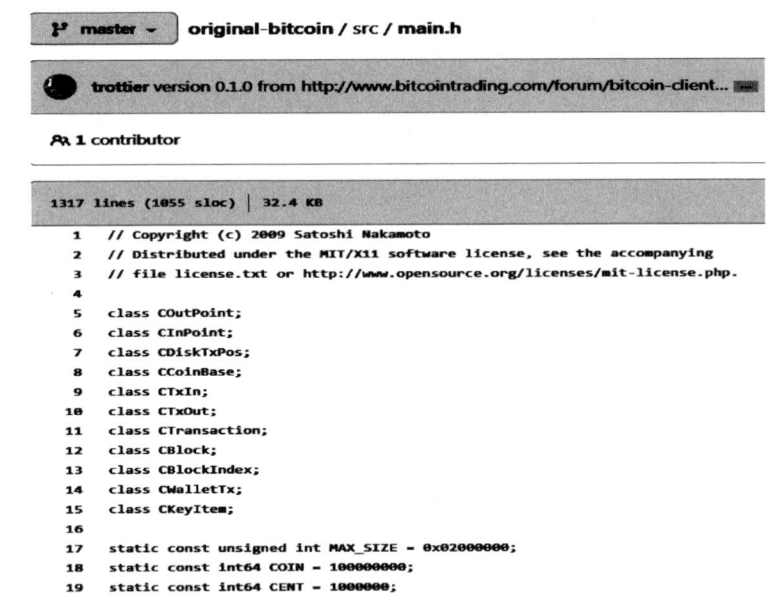

图 4-5　比特币的单位定义源代码

我们可以看到，整套比特币系统源代码一开始就把 COIN 定义好了（见图 4-5 中的第 18 行代码），那么是如何定义的呢？"static const int64 COIN = 100000000"，这是什么意思呢？其实就是一个简单的整数定义，具体来说，在计算机中，COIN 是一个占据 64 位二进制的、静态的（static）常量（const）整数（int）。我们可以看到生成比特币的那段源代码非常简单，简单得让人感到不可思议。

货币单位，这么重要的经济单位，就这么被简单地定义成只有抽象数值而没有实际经济意义的自然数。

至此，我们已经完全清楚了，在源代码中，所谓的比特币，就是一个全局常量 COIN，而 COIN = 100000000，注意，这个 100000000 是没有单位定义的，换言之，COIN 是一个没有经济单位而只有抽象数值的自然整数。这个 COIN 就是我们平常所说的 1 亿聪，注意，聪只是一个名称，而且是为纪念中本聪人为赋予的。也就是说，比特币不存在货币单位的定义，只有数值，它就是一个没有单位意义的自然数。

如何理解"比特币不存在货币单位的定义，只有数值，它就是一个没有单位意义的自然数"这句话？最简单的理解是，在比特币系统中，不把自然数 1 称为"1"，而是把自然数 1 称为"聪"，不把自然数 100000000 称为"1 亿"，而是把自然数 100000000 称为"1 个比特币"。

比特币，就是这么回事！

可即便大家都认识到了这一点，也浇灭不了其对比特币的热情，否则"郁金香泡沫"和庞氏骗局怎么会不断发生呢？

（三）

也许有人会问，比特币不是经常用小数点后八位的形式表示吗？怎么会是自然数？如果你有这样的疑问，见文章《中本聪的天才：比特币以意想不到的方式躲开了一些密码学子弹》，链接地址：https://www.8btc.com/article/5340。

你还可以从这篇文章里知道，为什么比特币的上限只能是 2100 万个。

中本聪为什么对比特币只赋予了数值？也许源于他对法定货币的错误理解，他认为法定货币仅仅是央行电脑上的数字，不断膨胀没有上限。于是，他通过设计区块奖励减半的模式让货币总额有一个上限。法定货币是数字没有错，但法定货币的生成背后毕竟还有各种资产，比如债券外汇黄金，法定货币与其背后的资产组成了央行的资产负债表。

反观比特币，只是一个没有单位意义的抽象数值，因此，要把比特币当作货币，则必须给它找到一种货币发行的抵押品（正如同，把没有单位意义只有数额面值的纸当作货币，则需要用具有单位重量意义的贵金属或者其他经济资产作为抵押品），根据比特币的生成机制，这种抵押品其实是哈希值，但哈希值本身又是一串数字（而且哈希值的计算难度一直在变，每过一个阶段算出哈希值后生成的比特币数量也在变），这就形成了货币发行的循环论证。

以一串数字作抵押发行另一串数字，比特币果然不愧为虚拟货币。既然有虚拟货币，那有没有想过什么是实体货币？

当我们在谈论一种货币时，必须先想想这种货币的单位是如何定义的。美元、英镑、比索、马克、卢布、里拉，这些极具现代感的货币名称，其实本源含义都是一种重量单位，一种实实在在的物理量。而在当下，货币的单位成了很抽象的"元"，那么民众永远只看到"元"前面的阿拉伯数字，忘却了"元"的本来含义。

也正是因为我们忘却了"元"的本来含义，所以，当我们看到比特币时，就不会去思考诸如"比特币的单位是什么""比特币的单位是如何定义的"这些问题。

（四）

对于比特币，还有一些零星观点：

（1）2017年8月，有新闻报道，美国国税局使用最新的区块链分析工具，已经可以跟踪比特币的使用者（该新闻链接为http://www.shtfplan.com/headline-news/your-bitcoin-is-not-anonymous-irs-moves-to-track-bitcoiners-with-new-chain-analysis-tools_08252017）。也就是说，比特币已经失去了匿名隐私功能，估计这款工具是根据比特币系统的找零地址机制来跟踪比特币使用者的。如果你想具体了解找零地址机制的运作原理，可以登录巴比特网站，那里有许多相关的技术文章。

（2）根据比特币的生成算法，如果从开始到现在，只有中本聪一个人在挖比特币，那么生成现在所有的比特币所用到的算力和所开销的电费都是非常非常小的。也就是说，在相同的时间内生成相同数量的比特币，现在这套挖矿模式浪费了大量算力与电费。在相同的时间内获得相同数量的比特币，明明有低成本的方式，为什么要使用现在这种消耗大量资源的方式呢？关于"部分算力在维持网络安全"这一说法，其实你需要知道的是，结算去中心化，只能带来低效；发行去中心化，金本位早已做到。

（3）对于比特币的未来，笔者的观点是其最后会沦为密码极客圈子的一种玩具。

比特币系统中的参数值是如何确定的

比特币的生成，取决于四个重要参数。

参数值一：初始阶段每挖出一个区块获得的新增比特币数量。

我们已经知道，比特币系统的挖矿，开始时每挖出一个区块，奖励是 50 个比特币。那么，为什么不是 80、100 等其他值？取 50 这个值的理由是什么？

参数值二：新增比特币数量的调整频率。

每过 4 年，因挖矿而新增的比特币数量会调整一次。那么，为什么不是每过 1 年或 3 年调整一次新增数量？取 4 年这个值的理由是什么？

参数值三：下一个阶段新增比特币数量的递减比例。

比特币系统的挖矿，每过 4 年，新增比特币的数量会减半，那么，为什么不是减 1/3、1/4？取 1/2 这个值的理由是什么？

参数值四：挖区块的难度调整频率。

在比特币系统中，挖区块的难度调整频率是 14 天，为什么不是 7 天或

1 天？每个区块的生成时间是 10 分钟，如果说取 10 分钟参数值是考虑到证券交易所的峰值交易分布，那么，挖矿的难度调整频率应该是 7 天（甚至应该是 1 天），取 14 天这个值的理由是什么？还有，为什么要考虑证券交易所的峰值交易分布，而不考虑银行转账的峰值交易分布？这套比特币系统的设计目的是应用于证券交易，还是应用于银行转账？

在比特币系统中，众多的这些参数值到底是如何确定的？至今没有找到相关文献。

很有可能是当初中本聪拍脑袋决定的，因为他没有根据金融经济理论论证出为什么要取这些参数值，他只是想当然地认为，取这些参数值可以使比特币系统适应我们的实际经济体。他也没有论证为什么取其他参数值就无法让比特币适应实际经济体。换句话说，他对于为何取这些参数值没有在金融经济方面经过充分必要的论证。

假若比特币系统成为未来的货币系统，那么这些拍脑袋想出来的参数值决定了未来的经济就是标准的计划经济。因为不管经济如何变化，比特币的发行永远都是 4 年减半模式，没有调整的余地。比特币圈内的人往往属于奥地利经济学派（以下简称奥派），而奥派是反对计划经济的，如奥派中的台柱人物哈耶克是反对计划经济的，但币圈中的很多人总喜欢拿着哈耶克的《货币的非国家化》一书来为比特币正名。

到底是什么成为比特币的价值来源

（一）

《比特币：一种点对点的电子现金系统》是比特币白皮书的书名，很明显，创建比特币的目的就是要创建一套货币系统。

第4章 关于比特币

那么问题就来了：假如一个人（或者一个团队）只会编程而没有经济学知识，那么，你愿意使用他创建出来的新货币系统吗？

都说奥派圈内的人和比特币圈内的人在很大程度上是重合的，那么，假如创建出来的新货币系统的理论依据是主流经济学，奥派圈内的人还愿意使用吗？

假如一个人不知道部分准备金制度的要害之处（甚至都没听说过这个制度），那么你愿意使用他创建出来的新货币系统吗？

（二）

首先来解决一个问题：比特币是什么？这个问题很基础、很关键。

需要知道的是，整套比特币系统的运作依赖于源代码，因此想要了解比特币，最直接的方法就是去看源代码，那么，源代码中对比特币是如何定义的呢？上一节已经提到，根据代码"static const int64 COIN = 100000000"可知，比特币就是一个没有实际单位的自然数，说白了，就是把自然数"100000000"取名为"COIN"。

很多人不去看源代码，仅仅看到了"COIN"这个名字，就想当然地认为这就是货币。如果中本聪把这个自然数取名为"APPLE"，你是不是会认为这就是一个苹果？

（三）

那么，对于一个没有实际单位的自然数，为什么人们认为它有价值呢？为什么比特币的价格会达到5000美元、10000美元、50000美元？

很多比特币的拥趸会说比特币的价值来源于人们的共识。

如果比特币的价值来源于共识，那么这个共识是如何形成的？

是不是来自那些不懂编程、不看源代码的人写的文章、作的演讲？

是不是来自那些懂了一点经济学皮毛知识的人写的文章、作的演讲？

是不是来自那些拿着哈耶克《货币的非国家化》一书的人讲出来的理论？

是不是来自那些实际是投机者、操纵者的忽悠（很多比特币的拥趸甚至不想去了解是不是有投机者、操控者的存在）？

是不是来自你本人对法定货币不满、对新生"币种"热切期待的心理（中本聪有没有分析过部分准备金制度？中本聪是否知道当今央行是以国债为担保发行了基础货币？中本聪是否知道这两种制度存在的问题？假如中本聪对这些问题都不了解，那么由他设计出来的比特币新币种有几分靠谱？）？

（四）

还有一些比特币的拥趸会说是算力为比特币注入了价值。

如果是这样，那就是说，是算力决定了比特币的价值。

那么，算力是什么？算力就是矿机的运算能力，矿机实际运算时，需要耗时耗电。

看出来其中的关系了吗？也就是说，算力的实际体现由矿机设备的劳动决定！

因此，"算力为比特币注入了价值"这个说法相当于承认了劳动价值论。

但比特币的拥趸大多是奥派，而奥派经济理论认同主观价值论，不认同劳动价值论。于是，矛盾出现了！

也就是说，如果你认同奥派经济理论，那么，对于比特币的价值来源，就不应该说"算力为比特币注入了价值"。

第 4 章　关于比特币

（五）

来谈谈澳本聪，他的真名是 Craig Steven Wright，澳大利亚人，因为一部分比特币爱好者认为他就是中本聪，所以称他为澳本聪。这里先不管他是不是真的中本聪。本段内容是对他的质疑。

以下内容引号内的文字，均来自上海律师刘晔对澳本聪相关文章的翻译。

质疑之一：

澳本聪提出"比特币的价值在于验证交易，其因验证交易而提供的账本空间越大，价值越大"。既然比特币的价值来源于验证交易和账本空间，那么等于是说，比特币的价值在于矿机算力。这就回到了之前说的劳动价值论。

但澳本聪本人是不认同劳动价值论的，他"认为劳动决定价值的谬论必须结束"。这是澳本聪的矛盾之一。

质疑之二：

澳本聪拥有经济学学士学位，他论述过他的货币理论，并举了一个保管商品出具收据的例子：A 保管 B 交付过来的商品，A 出具收据给 B，B 拿着这张收据与 C 交换其他商品，于是，澳本聪认为这张收据就是货币。

这显然是主流经济学的货币理论。奥派货币理论（尤其是庞巴维克—米塞斯—罗斯巴德—霍普—德索托，奥派的主轴线）不会认为例子中的收据是货币，这张收据其实是货币替代品、货币的兑换凭证。

很明显，澳本聪作为一个主流经济学学士没有读过奥派米塞斯的货币理论。但奇怪的是，他曾经说：如果只向世界推荐一本书，那就是米塞斯的《自由与繁荣的国度》。

既然澳本聪这么推崇米塞斯，那为什么不去读米塞斯的《货币与信用理论》呢？这是澳本聪的矛盾之二。

质疑之三：

澳本聪是认同部分准备金制度的（凡认同部分准备金制度的，大多是主流经济学家），2019 年 4 月，他写过一篇文章 Bitcoin is Not against Banks，文章开头写道：

Forget the lies you have been told about Bitcoin. Bitcoin doesn't stop banking, it doesn't even stop central banks. In fact, central banks were born using a gold standard. The first central banks actually had a one-to-one reserve requirement. It didn't last long, and they realised that they could do a four-units-to-1 gold standard in the British central bank. The fact of the matter is：there is little difference between bitcoin held with Coinbase and the modern banking system.

译文： "忘掉那些关于比特币的谎言。比特币不会阻止银行业，甚至不会阻止央行。事实上，央行是由金本位制诞生的。第一批央行实际上有 1∶1 的准备金要求。但这种情况没有持续多久，他们就意识到可以在不列颠央行实行 4∶1 的金本位制。事实就是：Coinbase 持有的比特币与现代银行系统没有什么区别。"

假如澳本聪不是中本聪，那么也就是说，他是从主流经济学的角度理解比特币，但奇怪的是，他向世人推崇的理念却是奥派经济学！这可以认为他是一个骗子，当然也可以认为他是思维混乱。

假如澳本聪真的是中本聪，那问题就大了！为什么？因为，这就等于是说，中本聪是依据主流经济学的货币理论（尤其是部分准备金制度）创建了比特币系统！你需要了解的是，法币也是依据主流经济学的货币理论建立的，至于结果是什么，现在全世界都已经感受到了。

第4章 关于比特币

比特币系统同样在超发货币

（一）

我们先来谈法定货币系统，法定货币分为欧元、美元、日元、英镑等。

有A、B、C、D四个人，他们的银行账户余额分别为1000欧元、100欧元、10欧元、1欧元。

某天一觉醒来，这四个人突然发现，他们的银行账户里分别多了1000美元、100美元、10美元、1美元。也就是说，这四个人的账户中，增加的新币种的数量和原有的旧币种的数量保持一致。此时，A、B、C、D四个人的银行账户里分别是

A：1000欧元与1000美元；

B：100欧元与100美元；

C：10欧元与10美元；

D：1欧元与1美元。

如果我们的货币系统是这样运作的，你觉得问题在哪里？

很显然，问题在于货币超发了。

因为一夜之间社会财富没有增长，但货币绝对数量却凭空增加了1倍（当"欧元购买力/美元购买力"＞1时，货币相对数量凭空增加的倍数小于1）。

接下来发生的事情就是，A、B、C、D四个人中，谁先把凭空新增出来的钱消费掉，谁就可以在物价上涨之前先买到原来价格的商品（或服务）；反之，谁越往后出手消费，谁就是越高物价的接盘者。凭空新增的

货币，让上涨的物价如同涟漪一样，向最后的消费者传播，这种效应称为坎蒂隆效应。

那么，A、B、C、D 四个人当中，谁最有可能先把凭空新增出来的钱消费掉呢？显然是原本就已经富有的 A，作为中产的 B 和 C，以及贫穷阶层的 D，更愿意选择积蓄。因此，这种货币系统不但是一种货币超发系统，更是一种劫贫济富的货币系统。

对于这种货币系统，你愿意使用吗？笔者想，没有人愿意。

（二）

你一定会想，这种货币系统简直是天方夜谭，不可能发生。

可在现实中，它的确发生了，就发生在比特币拥趸们最引以为傲的"货币发行数量固定"的比特币系统中。

怎么回事呢？

举个例子，大家一听就明白了。

有甲、乙、丙、丁四名比特币用户，在 2017 年 7 月 31 日，分别拥有 1000 个比特币（BTC）、100 个 BTC、10 个 BTC、1 个 BTC。

2017 年 8 月 1 日，比特币系统分叉，出现了比特现金（BCH），于是这四名比特币用户的钱包里所持有的比特币数量发生了奇妙的变化。

甲：1000 个 BTC 和 1000 个 BCH；

乙：100 个 BTC 和 100 个 BCH；

丙：10 个 BTC 和 10 个 BCH；

丁：1 个 BTC 和 1 个 BCH。

大家看懂了吗？这个 BTC 和 BCH 的例子，与上述欧元和美元的例子根本没有任何区别！

如果你把比特币看作货币，那你还会认为"货币发行数量固定"吗？

第 4 章 关于比特币

（三）

比特币系统的每一次分叉，都会使得新增出来的分叉链上凭空生成货币。

首次分叉发生在 2017 年 8 月 1 日，BTC 区块链分叉，出现 BCH 新链，此时 BTC 累计挖出来的数量是 1600 万个，于是新增出来的 BCH 数量立马就是 1600 万个（注意：什么都没挖，立马就是 1600 万个，你会觉得这新增出来的 1600 万个 BCH 是商品吗？）。也就是说，在那一刻，同样的比特币系统源代码，只是区块的容量不同，使得整个比特币系统的货币数量总数达到了 3200 万个。

之后的一次分叉发生在 2018 年 11 月 16 日，也是因为区块扩容，BCH 区块链分叉，冒出了 BSV 新链，此时，BTC 累计挖出来的数量是 1700 万个，BCH 累计挖出来的数量是 1700 万个，新冒出来的 BSV 数量立马就是 1700 万个（注意：同样也是什么都没挖，立马就是 1700 万个）。一样的比特币系统源代码，只是区块的容量不同，此时整个比特币系统的货币数量总数达到了 5100 万个。

分叉一次，货币数量扩张一次。你还愿意使用这种货币系统吗？

至于为什么要扩容分叉，其实是背后多方利益的博弈结果。

发行货币的权力，只要掌握在人的手里（也就是说，由人来决定发行多少数量的货币），那么结局就是货币数量不断凭空扩张。

你认为是人性碾压程序员思维，还是程序员思维碾压人性？

很多人喜欢把比特币与黄金作比较。这里笔者想反问一句：黄金会出现分叉吗？假如黄金出现分叉，有没有一口气瞬间新增 1600 万盎司白银？大米会出现分叉吗？假如大米出现分叉，有没有一口气瞬间新增 1600 万斤小米？再看 BTC，BTC 一分叉，瞬间新增 1600 万个 BCH，并且立马与

BTC 产生交换比率，这就证明了数字货币可以超发。为什么数字货币可以超发？因为数字货币源于程序，而程序可以复制。

（四）

如果你把比特币系统比作一个货币系统，那只能得到以上荒谬的结果。

结合第 3 章第一节内容，我们发现，其实比特币系统内的分叉机制和部分准备金制度内的贷款机制产生的效果是一样的：部分准备金制度下，贷款一次，产生派生货币；比特币系统下，分叉一次，产生派生比特币（比如 BCH、BSV）。这两种产生机制有区别吗？根本没什么区别。

重申一下笔者对比特币的看法：其最终会沦为一款密码极客圈的玩具。

好货币、健全货币（sound money）不会突然间无中生有地大量出现，这是判别货币好坏的重要依据。大卫·李嘉图在其著作《政治经济学与赋税原理》中写道"一旦货币不再需要成本，它也将失去所有的价值"，当然反过来并不是说耗费巨大成本的物件就可以成为货币。比如，你花了大量时间和精力制造出一把椅子，它能成为货币吗？它甚至都无法作为商品在市场上交易。

一套移动网络版的比特币系统

（一）

读者若是觉得前面几节内容对比特币的解读难以理解，那就看这节内容吧。在本节内容中，笔者设想了一个案例，对比特币系统的工作原理做了超级简化，让读者一目了然。

一个程序员写了一款叫作 Yuan 的 App 程序。

每一部手机都可以下载使用，而且这款 App 程序的代码是公开的。

在手机上安装后打开，获得一个网络 ID。

该程序有两个功能：运算、转账。所有点击"运算"功能的手机，都是在参与一个竞赛——看哪部手机运算速度最快。算什么？要求手机运算出一串程序预先设定好的目标字符，即输入一些内容，使得输出的内容正好是这串字符。

（二）

这个运算竞赛，每过 10 分钟举行一次。

参与的手机数量越多，运算难度越大，这意味着，如果要在竞赛中胜出，手机硬件性能就要越强。

每过 10 分钟，最快算出目标字符串的那部手机的界面上会显示"您获得了 50.00 Yuan"作为胜利者的奖励。

当过了 1 万个 10 分钟后，每再过一个 10 分钟，最快算出目标字符串的那部手机的界面上会显示"您获得了 25.00 Yuan"。即每过 1 万个 10 分钟，奖励减半，以此类推。

还有，1 Yuan＝100 cent。一共可以生成 100 万 Yuan，或者 1 亿 cent。

（三）

在 App 中，点击"转账"功能，界面先显示"您可转账的余额是××.×× Yuan"，然后，输入对方的网络 ID 和需要转账的数值，便可以转账，如果输入手续费，还可以让转账速度加快。

任何两部手机之间（或者说任何两个网络 ID 之间），都可以用这个

"转账"功能进行互转。

一笔"转账"交易的背后,有着复杂的加密技术、验证技术、分布式账本记录技术,以确保"转账"不可篡改。

Yuan 在坊间被称为"比特元",而 cent 被称为"份",因为写出这款 App 的程序员的网名叫"太过份",玩家们为了纪念这位程序员而以他的名字命名。

(四)

有一个手机玩家,在这款 App 刚推出来时,就下载运行并参与运算,经过若干天的运算,获得了 10000Yuan。

一天,他看到楼下的便利店老板也在玩这款 App,于是提出,"我转账 10000 个 Yuan 给你,你给我一袋薯片",便利店老板看看自己 App 中的显示余额,又望望货架上的薯片,于是答应了。

这个故事还要往后讲吗?接下来参照比特币的发展史。

(五)

程序员"太过份"编写这款 App 的目的,据他自己说是创建一个全新的电子现金系统。

一部手机在运算竞赛中胜出后获得 Yuan 的奖励,那么是谁在分配 Yuan 的奖励?

用于分配的这些 Yuan,在没有用于分配之前在哪里?

为什么每次分配 50 Yuan?为什么不是 80 Yuan、100 Yuan?

为什么运算竞赛每过 10 分钟要举行一次?为什么不是 5 分钟、20 分钟?

为什么每过 1 万个 10 分钟后,Yuan 的奖励要减半?为什么不是 5000

个 10 分钟、20000 个 10 分钟？为什么奖励不是减 1/5、1/10？

单位 Yuan 到底是如何定义的？

（六）

读者也许会问："搞那么清楚干什么？只不过是一款手机游戏而已！就像在大富翁游戏中，玩家每经过 GO 这个方格，就可以获得 200 元，那为什么不是 100 元、400 元？大富翁游戏中的'元'是如何定义的？还有，你会把大富翁游戏中那些标有'$'符号的纸当成美元来用吗？"

对，的确仅仅是一款手机游戏，那为什么把这款游戏移植到电脑上运行时，大家就感觉这不是游戏了呢？反而会觉得这是一套新的货币系统。

第5章

世间没有单利
只有复利

等额本息

（一）等额本息的每月还款金额

让我们从平时最熟悉的房屋按揭抵押贷款开始说起。

房屋按揭抵押贷款的每月还款方式主要有两种：等额本息和等额本金。

大多数贷款买房者选择等额本息的还款方式，比如向银行贷款 100 万元（假设全部是商业贷款），期限 30 年，贷款年利率是 5%，那么，随便在网上找一个贷款计算器都可以算出，在未来 30 年，每个月要向银行还款 5368.22 元，360 个月连本带利共计支付给银行 193.26 万元。

很多人会问：每个月固定支付的金额 5368.22 元是如何算出来的？每个月银行寄过来的还款账单上的本金和利息都是如何算出来的？

以下给出两种计算方法。

（二）纯数学求解方法

第一种计算方法是纯粹的数学方法。

先将以上的例子抽象成一道数学题：已知，向银行贷款的总额是 M，贷款月利率是 i，共需还款 N 个月，采用等额本息的还款方式，设每月以一个固定的金额 m 偿还本金加利息，第 n 个月需要偿还的本金是 B_n，第 n 个月需要偿还的利息是 L_n，分别求出 m、B_n、L_n 关于 M、N 和 i 的函数表达式 $f(M, N, i)$、$g(M, N, i)$、$h(M, N, i)$。

解法如下：

因 $m = L_n + B_n$，其中 $n = 1, 2, 3, \cdots, N$；

得① $L_1 = M \cdot i$，

$B_1 = m - L_1 = m - M \cdot i$；

② $L_2 = (M - B_1) \cdot i = (M \cdot i - m) \cdot (1 + i) + m$，

$B_2 = m - L_2 = (m - M \cdot i) \cdot (1 + i)$；

③ $L_3 = [M - (B_1 + B_2)] \cdot i = (M \cdot i - m) \cdot (1 + i)^2 + m$，

$B_3 = m - L_3 = (m - M \cdot i) \cdot (1 + i)^2$。

由 B_1、B_2、B_3 的计算结果可以猜想 B_n 的表达式为

$$B_n = (m - M \cdot i) \cdot (1 + i)^{n-1} \tag{5.1.1}$$

由于式（5.1.1）的结果目前只是猜想，因此需要证明，我们采用第二种类型的数学归纳法。

已知，当 $n = 1$ 时成立，假设当 $n \leq k$（k 为大于 1 的自然数）时存在

$$B_k = (m - M \cdot i) \cdot (1 + i)^{k-1} \tag{5.1.2}$$

则

$$\sum_{t=1}^{k} B_t = B_1 + B_2 + \cdots + B_k$$

即

$$\sum_{t=1}^{k} B_t = (m - M \cdot i) \cdot [1 + (1 + i) + \cdots + (1 + i)^{k-1}] \tag{5.1.3}$$

式（5.1.3）两边同时乘以 $(1 + i)$，得

第5章 世间没有单利只有复利

$$\sum_{t=1}^{k} B_t \cdot (1 + i) = (m - M \cdot i) \cdot [(1 + i) + (1 + i)^2 + \cdots + (1 + i)^k]$$

(5.1.4)

式(5.1.3)和式(5.1.4)相减得

$$\sum_{t=1}^{k} B_t \cdot (1 + i) - \sum_{t=1}^{k} B_t = (m - M \cdot i) \cdot [(1 + i)^k - 1]$$

则

$$\sum_{t=1}^{k} B_t = \frac{(m - M \cdot i) \cdot [(1 + i)^k - 1]}{i} \quad (5.1.5)$$

现在需要证明关键的一步,当 $n = k+1$ 时,以下等式成立:

$$B_{k+1} = (m - M \cdot i) \cdot (1 + i)^{k+1-1} = (m - M \cdot i) \cdot (1 + i)^k$$

(5.1.6)

因

$$L_n = L_{k+1} = [M - (B_1 + B_2 + \cdots + B_k)] \cdot i$$

则

$$L_n = L_{k+1} = \left\{ M - \frac{(m - M \cdot i) \cdot [(1 + i)^k - 1]}{i} \right\} \cdot i$$

得

$$L_n = L_{k+1} = (M \cdot i - m) \cdot (1 + i)^k + m$$

又

$$B_n = m - L_n = (m - M \cdot i) \cdot (1 + i)^k = B_{k+1}$$

即

$$B_n = B_{k+1} = (m - M \cdot i) \cdot (1 + i)^k$$

故猜想式(5.1.1)成立。

又因为 B_n 代表第 n 个月偿还的本金,则

$$M = B_1 + B_2 + \cdots + B_N$$

得

$$M = \sum_{t=1}^{N} B_t = \frac{(m - M \cdot i) \cdot [(1+i)^N - 1]}{i} \quad (5.1.7)$$

式（5.1.7）整理后可得

$$m = f(M, N, i) = M \frac{(1+i)^N}{(1+i)^N - 1} i \quad (5.1.8)$$

求解出了 m，依据式（5.1.1），可以算出第 n 个月需要偿还的本金。因为第 n 个月需要偿还的本金是

$$B_n = (m - M \cdot i) \cdot (1+i)^{n-1} \quad (5.1.9)$$

将 $m = M \frac{(1+i)^N}{(1+i)^N - 1} i$ 代入式（5.1.9）中，整理后可得

$$B_n = g(M, N, i) = M \frac{(1+i)^{n-1}}{(1+i)^N - 1} i \quad (5.1.10)$$

因为第 n 个月需要偿还的利息是

$$L_n = m - B_n = m + (M \cdot i - m) \cdot (1+i)^{n-1} \quad (5.1.11)$$

将 $m = M \frac{(1+i)^N}{(1+i)^N - 1} i$ 代入式（5.1.11）中，整理后可得

$$L_n = h(M, N, i) = M \frac{(1+i)^N - (1+i)^{n-1}}{(1+i)^N - 1} i \quad (5.1.12)$$

最后将运算结果总结如下：

$$m = M \frac{(1+i)^N}{(1+i)^N - 1} i$$

$$B_n = M \frac{(1+i)^{n-1}}{(1+i)^N - 1} i$$

$$L_n = M \frac{(1+i)^N - (1+i)^{n-1}}{(1+i)^N - 1} i$$

第一种方法解毕。第一种解法运用了数学中的数列知识直接正向求解，不得不说，过程是比较烦琐的。

(三)货币现值求解方法

我们再来看第二种解法。第二种解法需要用到一些金融财务知识,在搞清楚这个解法之前,先了解一下货币现值的概念。

假设一年期银行存款利率是10%(其实就是储户以10%的年利率借钱给银行),在第一年的1月1日往银行存了100元,那么到第二年1月1日取出来的就是100元×(1+10%)=110元,这很好理解。

现在反过来,假设一年期银行存款利率依然是10%,那么第二年得到的110元,在第一年值多少钱?有了之前的案例,可以很方便地计算出来,110元/(1+10%)=100元。

第二个例子中的结果100元被称为未来一年110元的货币现值。通俗地说就是,未来一年110元所体现的购买力与现在的100元所体现的购买力相同。

由此引申,在市场借贷年利率是10%的经济环境中,未来两年121元所体现的购买力与现在的100元所体现的购买力相同。这就是货币现值的概念。

讲清楚了这一点,我们现在就来求解一下等额本息每月还款的金额到底是怎么计算出来的。

第二种解法如下。

已知向银行贷款的总额是 M,贷款月利率是 i,共需还款 N 个月,每月等额本息固定还款金额为 m,根据货币的现值概念,可以列出以下算式:

$$M = \frac{m}{1+i} + \frac{m}{(1+i)^2} + \cdots + \frac{m}{(1+i)^N} \qquad (5.1.13)$$

式(5.1.13)右边的第一项称为第一个月还款金额 m 的货币现值,第二项称为第二个月还款金额 m 的货币现值……以此类推。算式的含义为每个月还款金额 m 的货币现值累加等于现在银行发放的贷款本金 M。

式（5.1.13）两边同时乘以 $\frac{1}{1+i}$，可得

$$\frac{M}{1+i}=\frac{m}{(1+i)^2}+\frac{m}{(1+i)^3}+\cdots+\frac{m}{(1+i)^{N+1}} \quad (5.1.14)$$

式（5.1.13）和式（5.1.14）两式相减，可得

$$M-\frac{M}{1+i}=\frac{m}{1+i}-\frac{m}{(1+i)^{N+1}} \quad (5.1.15)$$

整理后可得

$$m=f(M,N,i)=M\frac{(1+i)^N}{(1+i)^N-1}i \quad (5.1.16)$$

求解出了 m，我们再次运用货币现值的概念计算出每月需要偿还的本金和利息。

设第 n 个月需要偿还的利息是 L_n，第 n 个月需要偿还的本金是 B_n。

因

$$m=L_n+B_n$$

得

$$L_1=M\cdot i,\ B_1=m-L_1=m-M\cdot i$$

也就是说，在每个月还款金额都相同的条件下，第一个月要还的本金是 $m-M\cdot i$。这是根据货币现值的概念得出的，第二个月要还的本金折算到第一个月，在数值上则不得低于 $m-M\cdot i$。这是因为，若低于这个值，发放贷款的银行在第二个月获得的本金货币现值将失去一部分购买力；而对于还款人来说，由于第二个月少还了一部分本金，即在第一个月的剩余本金的基础上，第二个月减少的本金较小，从而使得其在第三个月需要多付利息，因此，第二个月要还的本金正好等于 $(m-M\cdot i)\cdot(1+i)$，符合借贷双方利益。当然，还款人也可以提前偿还本金，只要还款的本金货币现值大于 $m-M\cdot i$ 即可。

依次类推：

第三个月要偿还的本金等于 $(m - M \cdot i) \cdot (1 + i)^2$，

第四个月要偿还的本金等于 $(m - M \cdot i) \cdot (1 + i)^3$，

....

第 n 个月要偿还的本金等于 $(m - M \cdot i) \cdot (1 + i)^{n-1}$。

所以，第 n 个月要偿还的本金为

$$B_n = (m - M \cdot i) \cdot (1 + i)^{n-1} \tag{5.1.17}$$

第 n 个月要偿还的利息为

$$L_n = m - B_n = m + (M \cdot i - m) \cdot (1+i)^{n-1} \tag{5.1.18}$$

将 $m = M \dfrac{(1+i)^N}{(1+i)^N - 1} i$ 代入式（5.1.17）和式（5.1.18）中，可以得到与第一种解法一样的结果。也就是说，这两种解法是完全等价的。

第二种方法解毕。同样是计算等额本息的每月还款金额，与第一种解法相比，第二种解法简单多了。从以上的推导来看，其实等额本息还款的本质是等额本金货币现值还款。

（四）通货膨胀和货币现值

讲清楚了货币现值，再来谈谈通货膨胀下的货币现值。

现有货币存入银行，在未来提取出来时，如果要维持原有的购买力，则一年期存款利率必须至少等于通货膨胀率，否则储蓄者就会损失购买力。

用一个简单的数学例子作说明，假设一年期银行存款利率是5%，而通货膨胀率是10%，100元存入银行后，第二年拿出来的是100元×（1+5%）=105元，那么第二年的105元所体现的购买力等于现在的多少钱所体现的购买力？

如果你还认为是100元，那就大错特错了，应该是105元/（1+10%）=95.45元。储蓄者损失的货币现值购买力=100元-95.45元=4.55元。也就是说，当通货膨胀率大于存款利率时，储蓄就显得不划算。

以上是从储蓄方看货币现值，现在从银行角度看货币现值。

假设一年期贷款利率是 7%，通货膨胀率是 10%，向银行借款 100 元，一年后还给银行 100 元×（1+7%）= 107 元，这一年后的 107 元所体现的购买力等于现在的多少钱所体现的购买力？是 107 元/（1 + 10%）= 97.27 元。

这等于是说，银行第一年借给你 100 元，可第二年银行得到的 107 元所体现的购买力只相当于第一年的 97.27 元，银行作为借款人损失的货币现值购买力为 100 元-97.27 元=2.73 元。

换句话说，对于借款人而言，只要通货膨胀率大于贷款利率，贷款负债明显比储蓄具有抗通货膨胀的优势，通货膨胀既可以稀释货币购买力，也可以稀释债务偿还压力。

也许有人会问，假如真像上面计算的那样，银行岂不是在做亏本买卖？

当然不是。银行的经营模式是左手存款右手贷款，以上面的所举数据为例，一年期存款利率为 5%，一年期贷款利率为 7%，通货膨胀率为 10%，储蓄者损失的货币现值购买力为 4.55 元，银行作为借款人损失的货币现值购买力为 2.73 元，银行实际盈利为 4.55 元-2.73 元=1.82 元。同时由于通货膨胀的存在，各种资产价格普遍上涨（最明显的就是房价），因此大量的借款者向银行贷款买入资产，实现账面盈利。

年利率和月利率的转换

通常，银行贷款标称的利率都是年利率，但在实际执行中用的却是月利率，比如房屋按揭贷款。那么，年利率和月利率之间是如何转换的？

第 5 章　世间没有单利只有复利

绝大多数人会认为年利率是月利率的 12 倍，网上的那些贷款计算器也都把年利率和月利率之间的转换设定在 12 倍。甚至在许多银行的贷款合同条例中，都白纸黑字写着年利率 = 12×月利率。

可事实上，年利率和月利率两者之间的关系并没有这么简单。

我们用 I 表示年利率，用 i 表示月利率，根据上面提到的 12 倍关系，可以得到以下转换式：

$$i = \frac{I}{12} \tag{5.2.1}$$

将式（5.2.1）变换一下，得到

$$1 + 12i = 1 + I \tag{5.2.2}$$

这样一来就很明显了，年利率和月利率之间的转换计算是根据单利的概念，我们不禁要问：为什么不用复利的概念？从数学上看，可以用以下计算式表达：

$$(1 + i)^{12} = 1 + I \tag{5.2.3}$$

$$i = (1 + I)^{\frac{1}{12}} - 1 \tag{5.2.4}$$

那么，月利率到底用单利计算还是用复利计算？

在"等额本息"一节内容中，我们使用了两种方法来解决"如何计算每月等额本息的还款金额"这一问题，第一种使用了纯粹的数学方法，第二种使用了金融财务的方法（注意：这两种方法是完全等价的，都得到了一致的结果）。

对于第二种解法，其核心是利用了货币现值的原理，注意推导过程中的第一步计算式，即式（5.1.13）。我们可以发现，式（5.1.13）中的每一项都有 $\dfrac{1}{(1+i)^n}$ 这个因子，这就表明，在货币现值的计算过程中，对于月利率用的是复利的概念。既然是用复利的概念，那为什么用单利的关系式来计算年利率和月利率之间的转换呢？

当然，这样的疑问还不具备足够的说服力，有没有更严格一点的方法？

为了彻底弄明白年利率和月利率之间转换关系的来龙去脉，我们还是利用货币现值的金融概念，从数学上进行推导。

先把这个金融问题抽象成一道数学题：向银行申请贷款，贷款期限是一年，还款方式选择每月等额本息，即共需还款12个月，已知贷款年利率是 I，求贷款月利率 i 与 I 之间的关系式。

先带入两个参数 M、m，分别表示贷款总额、等额本息每月固定还款金额。根据货币的现值概念，可以列出以下算式：

$$M=\frac{m}{1+i}+\frac{m}{(1+i)^2}+\cdots+\frac{m}{(1+i)^{12}} \tag{5.2.5}$$

大家注意一下式（5.2.5）中的最后一项，该项表示最后一次还款金额的货币现值。由于贷款期限是一年，因此，最后的一次还款表明贷款的一年期限正好已过；因为正好是一年，所以，最后一次还款金额的货币现值可以用另一个式子表达：$\frac{m}{1+I}$。

这样一来就清楚了，因为都是用于表达"最后一次还款金额的货币现值"，所以我们可以得到

$$\frac{m}{(1+i)^{12}}=\frac{m}{1+I} \tag{5.2.6}$$

由式（5.2.6）可以轻易推导出月利率和年利率的转换关系式，即式（5.2.4）。

由此可见，月利率和年利率之间的转换关系用的是复利的概念，而不是单利的概念！

以上是从贷款角度分析月利率和年利率之间的转换关系，下面再从存款角度分析，可以得到同样的结论。

假设一年期存款利率是 I，一开始存入的本金是 M，则 12 年后一共可以取出

$$M(1+I)^{12} \quad (5.2.7)$$

假设一个月存款利率是 i，一开始存入的本金是 M，则 12 个月后一共可以取出

$$M(1+i)^{12} \quad (5.2.8)$$

12 个月，正好就是一年，由于一年期存款利率是 I，则 12 个月后取出的钱也可以表示成

$$M(1+I) \quad (5.2.9)$$

都是存一年的时长，因此，存 12 个月就是存一年，所以需要满足

$$M(1+i)^{12}=M(1+I) \quad (5.2.10)$$

所以，月利率和年利率之间的关系式依然为

$$i=(1+I)^{\frac{1}{12}}-1 \quad (5.2.4)$$

而不是

$$i=\frac{I}{12} \quad (5.2.1)$$

同样，根据年利率计算季度利率和半年度利率，也是用复利的概念。

接下来我们选择几个具体的数据来计算一下对于相同的年利率，使用单利、复利转换式算出的月利率相差多少。

（1）向银行贷款 100 万元，期限 30 年，年利率为 5%，每月等额本息还款。

①用单利转换式算出月利率是 0.417%，每月还款 5368.22 元，30 年连本带利共计偿还 193.26 万元。

②用复利转换式算出月利率是 0.407%，每月还款 5300.55 元，30 年连本带利共计偿还 190.82 万元。

（2）向银行贷款 100 万元，期限 30 年，年利率为 8%，每月等额本息还款。

①用单利转换式算出月利率是 0.667%，每月还款 7337.65 元，30 年

连本带利共计偿还 264.16 万元。

②用复利转换式算出月利率是 0.643%，每月还款 7143.98 元，30 年连本带利共计偿还 257.18 万元。

从以上计算的数据来看，年利率越大，单利与复利之间算出来的月利率结果差值就越大，其他结果的差值也随之拉大。

等额本金与等额本息的比较

（一）等额本金的每月还款金额

关于等额本金和等额本息，人们总是会问这样一个问题：这两种还款方式到底哪种更划算？

我们对等额本息已有详细的定量讨论，现在就用严格的数学方法定量地阐述等额本金，然后与等额本息相比较，以此来判断"两种还款方式到底哪种更划算"。

相比较而言，等额本金的每月还款金额的计算方法很简单，计算公式如下：

每月还本付息金额

=每月本金+每月利息

=总本金/还款总月数+（总本金-累计已还本金）×月利率

为了更清楚地论述，我们使用数学语言描述：向银行贷款 M 元，贷款期限是 N 个月，贷款月利率是 i，有两种还款方式：每月等额本金和每月等额本息。设选择每月等额本金还款时，每月的偿还金额是 m_n，其中 $n=1, 2, 3, \cdots, N$；选择每月等额本息还款时，每月的偿还金额是固定的 m。

第 5 章 世间没有单利只有复利

对于等额本金，由于每个月的本金相同，因此根据计算方法的定义，我们可以列出 m_n 的表达式：

$$m_n = \frac{M}{N} + \left[M - (n-1)\frac{M}{N}\right]i = \left(\frac{M}{N} + Mi + \frac{M}{N}i\right) - \frac{M}{N}ni \quad (5.3.1)$$

对于等额本息，我们在"等额本息"一节里已经论证过，所以这里直接写出 m 的表达式：

$$m = M\frac{(1+i)^N}{(1+i)^N - 1}i \quad (5.1.8)$$

（二）还款总额比较

现在我们先来计算一下两种还款方式的还款总额，用 S_1 表示等额本金的还款总额，用 S_2 表示等额本息的还款总额，则

$$\begin{aligned}
S_1 &= \sum_{n=1}^{N} m_n \\
&= \sum_{n=1}^{N}\left(\frac{M}{N} + Mi + \frac{M}{N}i - \frac{M}{N}ni\right) \quad (5.3.2)\\
&= \sum_{n=1}^{N}\left(\frac{M}{N} + Mi + \frac{M}{N}i\right) - \sum_{n=1}^{N}\frac{M}{N}ni \\
&= M + \frac{M}{2}i + \frac{MN}{2}i
\end{aligned}$$

$$S_2 = Nm = NM\frac{(1+i)^N}{(1+i)^N - 1}i \quad (5.3.3)$$

比较 S_1 和 S_2 的大小，用作商法：

$$\begin{aligned}
\frac{S_1}{S_2} &= \frac{(2 + i + Ni)[(1+i)^N - 1]}{2Ni(1+i)^N} \\
&= \frac{[2 + (N+1)i][(1+i)^N - 1]}{2Ni(1+i)^N} \quad (5.3.4)
\end{aligned}$$

使用二项式定理将 $(1+i)^N$ 展开：

$$(1+i)^N = 1 + C_N^1 i + C_N^2 i^2 + \cdots + C_N^n i^n + \cdots + C_N^N i^N$$

或者用求和符号记为

$$(1+i)^N = \sum_{n=0}^{N} C_N^n i^n \tag{5.3.5}$$

$$(1+i)^N - 1 = \sum_{n=1}^{N} C_N^n i^n \tag{5.3.6}$$

将式 (5.3.5) 和式 (5.3.6) 代入式 (5.3.4) 中，得到

$$\frac{S_1}{S_2} = \frac{2\sum_{n=1}^{N} C_N^n i^n + (N+1)\sum_{n=1}^{N} C_N^n i^{n+1}}{2N\sum_{n=0}^{N} C_N^n i^{n+1}} \tag{5.3.7}$$

式 (5.3.7) 的分子、分母中，都有关于 i 的幂次项，并且都是从 1 次幂到 $N+1$ 次幂，因此，我们可以分别比较分子、分母中关于 i 的同次幂的系数大小，从而得到 S_1/S_2 的结果是否大于 1 或是否小于 1。

我们将 i 的幂次数记为 n，而后逐项比较。

（1）对于 $n=1$，S_1/S_2 分子中对应的系数是 $2N$，分母中对应的系数是 $2N$，两者系数相等。

（2）对于 $n=2$，S_1/S_2 分子中对应的系数是 $2C_N^2 + (N+1)C_N^1 = 2N^2$，分母中对应的系数是 $2NC_N^1 = 2N^2$，两者系数相等。

（3）对于 $3 \leq n \leq N$，S_1/S_2 分子中对应的系数是 $2C_N^n + (N+1)C_N^{n-1}$，分母中对应的系数是 $2NC_N^{n-1}$，然后：

①令 $X = 2C_N^n + (N+1)C_N^{n-1}$，$Y = 2NC_N^{n-1}$；

②运用排列数公式 $C_N^n = \dfrac{N!}{n!(N-n)!}$，代入 X 与 Y；

③得到 $\dfrac{X}{Y} = \dfrac{N!(nN+2N-n+2)}{N!(2nN)} = \dfrac{2(N+1)+nN-n}{n(N+1)+nN-n}$；

④当 $3 \leq n \leq N$ 时，显然 X/Y 小于 1，所以此时的分子系数小于分母系数。

（4）对于 $n = N+1$，S_1/S_2 分子中对应的系数是 $N+1$，分母中对应的

系数是 2N，因为 N 代表贷款的期限月数，所以，此时的分子系数小于分母系数。

到此，S_1/S_2 分子、分母中，关于 i 的同次幂的系数大小已经比较完毕，可以得出结论：

$$\frac{S_1}{S_2} < 1 \tag{5.3.8}$$

这个结论告诉我们，等额本金的还款总额 S_1 小于等额本息的还款总额 S_2。于是，很多人就认为等额本金这种还款方式合算。真的是这样吗？

（三）货币现值比较

因为世间存在利率（或者使用经济学术语：时间偏好），所以仅仅比较未来货币的金额大小是不够的，而是要采用货币现值这个金融概念。

因此，接下来我们就来比较一下等额本金和等额本息的货币现值大小。

在"等额本息"一节中，我们采用了两种方法计算等额本息的每月还款金额，其中第二种方法正是使用了货币现值这个金融概念进行求解，因此，对于等额本息，其货币现值总额就是一开始的贷款总额 M：

$$\frac{m}{1+i} + \frac{m}{(1+i)^2} + \cdots + \frac{m}{(1+i)^N} = \sum_{n=1}^{N} \frac{m}{(1+i)^n} = M \tag{5.3.9}$$

那么，对于等额本金，其货币现值总额是多少呢？

我们把等额本金的货币现值总额记为 W，其表达式为

$$W = \sum_{n=1}^{N} \frac{m_n}{(1+i)^n} = \frac{m_1}{1+i} + \frac{m_2}{(1+i)^2} + \cdots + \frac{m_N}{(1+i)^N} \tag{5.3.10}$$

之后，将 $m_n = (\frac{M}{N} + Mi + \frac{M}{N}i) - \frac{M}{N}ni$ 代入式（5.3.10）中，可以得到

$$W = \sum_{n=1}^{N} \frac{m_n}{(1+i)^n} = \sum_{n=1}^{N} \frac{\frac{M}{N} + Mi + \frac{M}{N}i}{(1+i)^n} - \sum_{n=1}^{N} \frac{\frac{M}{N}ni}{(1+i)^n} = W_1 - W_2$$

(5.3.11)

对于 W_1,就是一个等比数列的求和,所以可以直接运用求和公式,得到

$$W_1 = \sum_{n=1}^{N} \frac{\frac{M}{N} + Mi + \frac{M}{N}i}{(1+i)^n}$$

$$= \frac{\frac{M}{N} + Mi + \frac{M}{N}i}{1+i} \cdot \frac{1 - \frac{1}{(1+i)^N}}{1 - \frac{1}{1+i}} \quad (5.3.12)$$

$$= \frac{M(1 + i + Ni)\left[(1+i)^N - 1\right]}{N(1+i)^N i}$$

对于 W_2,我们先把式子展开,得到

$$W_2 = \sum_{n=1}^{N} \frac{\frac{M}{N}ni}{(1+i)^n}$$

$$= \frac{M}{N} \cdot \sum_{n=1}^{N} \frac{ni}{(1+i)^n} \quad (5.3.13)$$

$$= \frac{M}{N}\left[\frac{i}{1+i} + \frac{2i}{(1+i)^2} + \frac{3i}{(1+i)^3} + \cdots + \frac{Ni}{(1+i)^N}\right]$$

将 W_2 两边同时乘以 $\frac{1}{1+i}$,得到

$$\frac{W_2}{1+i} = \frac{M}{N}\left[\frac{i}{(1+i)^2} + \frac{2i}{(1+i)^3} + \frac{3i}{(1+i)^4} + \cdots + \frac{Ni}{(1+i)^{N+1}}\right]$$

(5.3.14)

式 (5.3.13) 和式 (5.3.14) 相减,得到

第5章 世间没有单利只有复利

$$W_2 - \frac{W_2}{1+i} = \frac{M}{N}\left[\frac{i}{1+i} + \frac{i}{(1+i)^2} + \frac{i}{(1+i)^3} + \cdots + \right.$$

$$\left.\frac{i}{(1+i)^N} - \frac{Ni}{(1+i)^{N+1}}\right] \quad (5.3.15)$$

式（5.3.15）右边出现了熟悉的等比数列求和，经过整理，得到

$$W_2 = \frac{M[(1+i)^{N+1} - (1+i) - Ni]}{N(1+i)^N i} \quad (5.3.16)$$

因此，可以得到

$$W = W_1 - W_2$$

$$= \frac{M(1+i+Ni)[(1+i)^N - 1]}{N(1+i)^N i} - \frac{M[(1+i)^{N+1} - (1+i) - Ni]}{N(1+i)^N i}$$

$$= \frac{M[(1+i)+Ni][(1+i)^N - 1]}{N(1+i)^N i} - \frac{M[(1+i)^{N+1} - (1+i)] - MNi}{N(1+i)^N i}$$

$$= \frac{MNi(1+i)^N}{N(1+i)^N i}$$

$$= M \quad (5.3.17)$$

计算到最后，我们发现，等额本金还款总额的货币现值正是当初银行的贷款总额 M。也就是说，即便等额本金的还款总额 S_1 小于等额本息的还款总额 S_2，但是 S_1 和 S_2 的货币现值都是 M。换句话说，对银行而言，其不会因为用户选择不同的还款方式，而使得自己当时发放出去的贷款货币现值有所变动。

还有人认为，以上的计算都是建立在到期还清贷款的基础之上，假如提前还清贷款，则还款总额的货币现值会比当初的贷款总额 M 小。果真如此吗？同样通过计算进行论证。

先考虑第一种情况：无论等额本息还是等额本金，如果在第二个月提前还清全部贷款，则偿还总额的货币现值都可以表示为

$$\frac{m_1}{1+i} + \left[\frac{M-B_1}{(1+i)^2} + \frac{(M-B_1)i}{(1+i)^2}\right]$$

$$= \frac{m_1}{1+i} + \frac{(M-B_1)(1+i)}{(1+i)^2}$$

$$= \frac{m_1}{1+i} + \frac{M-B_1}{1+i}$$

$$= \frac{B_1 + L_1 + M - B_1}{1+i}$$

$$= \frac{L_1 + M}{1+i}$$

$$= \frac{Mi + M}{1+i}$$

$$= M$$

计算结果表明，无论等额本息还是等额本金，在第二个月提前还清全部贷款，则偿还总额的货币现值等于当初银行的贷款总额 M。

再考虑第二种情况：在等额本息条件下，如果在第 N_1+1 个月提前还清全部贷款，则偿还总额的货币现值为

$$\frac{m}{1+i} + \frac{m}{(1+i)^2} + \cdots + \frac{m}{(1+i)^{N_1}} + \frac{[M-(B_1+B_2+\cdots+B_{N_1})](1+i)}{(1+i)^{N_1+1}}$$

将 $B_n = (m - M \cdot i) \cdot (1+i)^{n-1}$ 代入上式，得

$$m\frac{(1+i)^{N_1}-1}{i(1+i)^{N_1}} + \frac{Mi - (m-Mi)[(1+i)^{N_1}-1]}{i(1+i)^{N_1}}$$

$$= m\frac{(1+i)^{N_1}-1}{i(1+i)^{N_1}} + \frac{m - m(1+i)^{N_1} + Mi(1+i)^{N_1}}{i(1+i)^{N_1}}$$

$$= M$$

计算结果表明，在等额本息条件下，如果在第 N_1+1 个月提前还清全部贷款，则偿还总额的货币现值依然等于当初银行的贷款总额 M。

第三种情况：在等额本金条件下，如果在第 N_1+1 个月提前还清全部

贷款，则偿还总额的货币现值为

$$\frac{m_1}{1+i} + \frac{m_2}{(1+i)^2} + \cdots + \frac{m_{N_1}}{(1+i)^{N_1}} + \frac{[M-(B_1+B_2+\cdots+B_{N_1})](1+i)}{(1+i)^{N_1+1}}$$

将 $m_n = (\frac{M}{N} + Mi + \frac{M}{N}i) - \frac{M}{N}ni$ 和 $B_n = \frac{M}{N}$ 代入上式，得

$$[\frac{M}{N}(1+i) + Mi]\frac{(1+i)^{N_1}-1}{i(1+i)^{N_1}} - \frac{M}{N}(1+i)[\frac{(1+i)^{N_1}-1}{i(1+i)^{N_1}} - \frac{N_1}{(1+i)^{N_1+1}}] + \frac{M - \frac{M}{N}N_1}{(1+i)^{N_1}}$$

$$= Mi\frac{(1+i)^{N_1}-1}{i(1+i)^{N_1}} + \frac{M}{N}\frac{N_1}{(1+i)^{N_1}} + \frac{M}{(1+i)^{N_1}} - \frac{M}{N}\frac{N_1}{(1+i)^{N_1}}$$

$$= M[1 - \frac{1}{(1+i)^{N_1}}] + \frac{M}{(1+i)^{N_1}}$$

$$= M$$

计算结果表明，在等额本金条件下，如果在第 N_1+1 个月提前还清全部贷款，则偿还总额的货币现值依旧等于当初银行的贷款总额 M。

综上所述，无论是等额本息还是等额本金，无论是到期还清贷款还是提前还清贷款，偿还总额的货币现值总是等于当初银行的贷款总额 M。

（四）通货膨胀下的货币现值比较

1. 通货膨胀下的货币现值计算式

以上计算的货币现值都假设了通货膨胀率和借贷利率相等，但在一个实际经济体中，通货膨胀率一般不会与借贷利率恰好相等，因此这时计算出来的货币现值又是另外一种情况。

我们现在用 r 代表月度通货膨胀率，接着就来计算等额本金还款总额和等额本息还款总额的货币现值，分别用 M_1 和 M_2 表示：

$$M_1 = \sum_{n=1}^{N} \frac{m_n}{(1+r)^n} = \frac{m_1}{1+r} + \frac{m_2}{(1+r)^2} + \cdots + \frac{m_N}{(1+r)^N} \quad (5.3.18)$$

$$M_2 = \sum_{n=1}^{N} \frac{m}{(1+r)^n} = \frac{m}{1+r} + \frac{m}{(1+r)^2} + \cdots + \frac{m}{(1+r)^N} \quad (5.3.19)$$

在正式计算 M_1 和 M_2 之前,我们对式(5.3.18)和式(5.3.19)进行讨论:

(1)由于两个方程式右边的所有项都是正数,各项又都是相加,所以 $M_1 > 0$、$M_2 > 0$。

(2)当 r 无穷大时,M_1 和 M_2 都趋向于 0,也就是说,当经济体发生超级恶性通货膨胀时,未来货币的现值几乎为 0。这就给了我们一个启示,如果你预测未来若干年会发生超级通货膨胀,那你现在去贷款投资将十分合算。

(3)当 $r = i$ 时,那么根据之前的计算,$M_1 = M_2 = M$。

(4)当 $r > i > 0$ 时,$M > M_1 > 0$、$M > M_2 > 0$(后面会说到 M_1 和 M_2 的大小比较)。这种情况就是说,当通货膨胀率高于贷款利率时,负债投资是一项不错的选择,于是市场上的贷款需求就会多起来,信贷资金供应市场变得紧俏,只要利率值是自由市场自发形成不受央行干预,则此时的 i 自然会提高,接近于 r,导致 M_1 和 M_2 最终会趋近于 M。或者也可以从另一个角度思考,因为信贷资金供应短缺,等效于货币供应缩减,从而使得 r 降低,接近于 i,导致 M_1 和 M_2 最终会趋近于 M。

(5)当 $0 < r < i$ 时,$M_1 > M$、$M_2 > M$(后面会说到 M_1 和 M_2 的大小比较)。这种情况就是说,当通货膨胀率低于贷款利率时,负债投资将承受较大压力,不过此时对于放贷者而言却是一项不错的选择,于是市场上的放贷者多起来,出现信贷资金供应市场竞争,从而使得 i 降低,接近于 r,导致 M_1 和 M_2 最终会趋近于 M。或者也可以从另一个角度思考,因为信贷资金供应充裕,等效于货币供应增长,从而使得 r 提高,接近于 i,导致 M_1 和 M_2 最终会趋近于 M。

(6)当 $-1 < r \leq 0$ 时,即经济体发生通货紧缩,$M_1 > M$、$M_2 > M$,这

种情况的分析与（5）类似，不再赘述。

（7）有一种极端情况，当 $r \leqslant -1$ 时，会发生什么事情？这意味着月度通货紧缩率高于100%。发生这种情况有两种可能性：一种可能是月度货币供应负增长100%，即到了下个月原本存量的货币总额清零；另一种可能是月度经济负增长100%，即到了下个月经济体完全瘫痪。无论哪种情况发生，所有的经济公式、金融公式全部失效，催生出一套新的货币制度。

2. 比较货币现值的方法一

现在我们来看看当 $r > i > 0$、$0 < r < i$ 时，M_1 和 M_2 两种货币现值的大小比较，其实就是在比较通货膨胀环境下等额本金和等额本息这两种还款方式哪一种更合算。

先来计算 M_1，把 $m_n = (\frac{M}{N} + Mi + \frac{M}{N}i) - \frac{M}{N}ni$ 代入式（5.3.18）中，得到

$$M_1 = \sum_{n=1}^{N} \frac{m_n}{(1+r)^n} = \sum_{n=1}^{N} \frac{\frac{M}{N} + Mi + \frac{M}{N}i}{(1+r)^n} - \sum_{n=1}^{N} \frac{\frac{M}{N}ni}{(1+r)^n}$$

$$= \frac{M}{Nr} \cdot \frac{(r-i)[(1+r)^N - 1] + riN(1+r)^N}{r(1+r)^N} \tag{5.3.20}$$

而后计算 M_2，把 $m = M\frac{(1+i)^N}{(1+i)^N - 1}i$ 代入式（5.3.19）中，得到

$$M_2 = \sum_{n=1}^{N} \frac{m}{(1+r)^n}$$

$$= \sum_{n=1}^{N} \frac{M\frac{(1+i)^N}{(1+i)^N - 1}i}{(1+r)^n} \tag{5.3.21}$$

$$= \frac{Mi(1+i)^N}{(1+i)^N - 1} \cdot \frac{(1+r)^N - 1}{r(1+r)^N}$$

M_1 和 M_2 的表达式都比较烦琐，因此，为简化起见，令

$$X = (1 + r)^N$$

$$Y = (1 + i)^N$$

把 X 和 Y 代入式（5.3.20）和式（5.3.21）中，得到

$$\frac{M_1}{M_2} = \frac{[(r-i)(X-1) + riNX](Y-1)}{riNY(X-1)} \quad (5.3.22)$$

接下来的论证过程就开始困难了，因为要消去高次多项式很难，估计很多人会采用一个线性近似法：

$$当 x \to 0 时，(1 + x)^N \approx 1 + Nx \quad (5.3.23)$$

在他们看来，因为月度利率 i 和月度通货膨胀率 r 都很小，所以，对于 X 和 Y 可以采用这种方法，而后代入式（5.3.22）中。这种想当然的方法是错误的，我们只要举个简单的例子就可以说明清楚。

当 $i = 0.4\%$、$N = 360$ 时（按揭抵押贷款期限 30 年很常见），$(1 + 0.4\%)^{360} = 4.21$，而进行线性近似法计算，$(1 + 360 \times 0.4\%) = 2.44$，很显然，两个计算结果无法实现约等于。

因此用线性近似法不适合论证式（5.3.22），需要换一种思路。

3. 比较货币现值的方法二

（1）作差与作商

由于 $M_1 > 0$、$M_2 > 0$，所以，式（5.3.22）中的分子、分母都大于 0，因此，要比较 M_1 和 M_2 的大小，可以将式（5.3.22）的分子、分母用作差法比较，令

$$T_1 = [(r-i)(X-1) + riNX](Y-1)$$

$$T_2 = riNY(X-1)$$

于是，得到

$$\Delta T = T_1 - T_2$$
$$= (r-i)(X-1)(Y-1) - riN(X-Y) \quad (5.3.24)$$

第5章 世间没有单利只有复利

为再次简化，令

$$U = (r - i)(X - 1)(Y - 1)$$

$$V = riN(X - Y)$$

因为 $X = (1+r)^N$，$Y = (1+i)^N$，所以，当 $r > i$ 时，$X > Y$，因此，$U > 0$、$V > 0$；当 $r < i$ 时，$X < Y$，因此，$U < 0$、$V < 0$。即 U 和 V 同方向变化，所以，为了知道 ΔT 是否大于 0，可以对 U 和 V 采用作商法。

我们先讨论 $r > i$ 时的情况：

$$\frac{U}{V} = \frac{(r - i)(X - 1)(Y - 1)}{riN(X - Y)} \tag{5.3.25}$$

由于 $X = (1+r)^N$，$Y = (1+i)^N$，根据二项式定理，展开后可得

$$X - 1 = (1 + r)^N - 1 = \sum_{n=1}^{N} C_N^n r^n \tag{5.3.26}$$

$$Y - 1 = (1 + i)^N - 1 = \sum_{n=1}^{N} C_N^n i^n \tag{5.3.27}$$

将式（5.3.26）和式（5.3.27）代入式（5.3.25）中，得到

$$\frac{U}{V} = \frac{(r - i) \sum_{n=1}^{N} C_N^n r^n \sum_{n=1}^{N} C_N^n i^n}{riN(\sum_{n=1}^{N} C_N^n r^n - \sum_{n=1}^{N} C_N^n i^n)}$$

$$= \frac{(r - i) \sum_{n=1}^{N} C_N^n r^{n-1} \sum_{n=1}^{N} C_N^n i^{n-1}}{N(\sum_{n=1}^{N} C_N^n r^n - \sum_{n=1}^{N} C_N^n i^n)}$$

$$= \frac{(r - i)(N + \sum_{n=1}^{N-1} C_N^{n+1} r^n)(N + \sum_{n=1}^{N-1} C_N^{n+1} i^n)}{N[C_N^1(r - i) + C_N^2(r^2 - i^2) + C_N^3(r^3 - i^3) + \cdots + C_N^N(r^N - i^N)]}$$

$$= \frac{N^2 + N\sum_{n=1}^{N-1} C_N^{n+1} r^n + N\sum_{n=1}^{N-1} C_N^{n+1} i^n + \sum_{n=1}^{N-1} C_N^{n+1} r^n \sum_{n=1}^{N-1} C_N^{n+1} i^n}{N[C_N^1 + C_N^2(r + i) + C_N^3(r^2 + ri + i^2) + \cdots + C_N^N(r^{N-1} + r^{N-2}i + r^{N-3}i^2 + \cdots + i^{N-1})]}$$

$$= \frac{N^2 + N\sum_{n=1}^{N-1} C_N^{n+1} r^n + N\sum_{n=1}^{N-1} C_N^{n+1} i^n + \sum_{n=1}^{N-1} C_N^{n+1} r^n \sum_{n=1}^{N-1} C_N^{n+1} i^n}{N\{N + (C_N^2 r + C_N^3 r^2 + \cdots + C_N^N r^{N-1}) + (C_N^2 i + C_N^3 i^2 + \cdots + C_N^N i^{N-1}) + [C_N^3 ri + C_N^4 (r^2 i + ri^2) + \cdots + C_N^N (r^{N-2} i + r^{N-3} i^2 + \cdots + ri^{N-2})]\}}$$

$$= \frac{N^2 + N\sum_{n=1}^{N-1} C_N^{n+1} r^n + N\sum_{n=1}^{N-1} C_N^{n+1} i^n + \sum_{n=1}^{N-1} C_N^{n+1} r^n \sum_{n=1}^{N-1} C_N^{n+1} i^n}{N\{(N + \sum_{n=1}^{N-1} C_N^{n+1} r^n + \sum_{n=1}^{N-1} C_N^{n+1} i^n) + [C_N^3 ri + C_N^4 (r^2 i + ri^2) + \cdots + C_N^N (r^{N-2} i + r^{N-3} i^2 + \cdots + ri^{N-2})]\}}$$

$$= \frac{N^2 + N\sum_{n=1}^{N-1} C_N^{n+1} r^n + N\sum_{n=1}^{N-1} C_N^{n+1} i^n + \sum_{n=1}^{N-1} C_N^{n+1} r^n \sum_{n=1}^{N-1} C_N^{n+1} i^n}{(N^2 + N\sum_{n=1}^{N-1} C_N^{n+1} r^n + N\sum_{n=1}^{N-1} C_N^{n+1} i^n) + N[C_N^3 ri + C_N^4 (r^2 i + ri^2) + \cdots + C_N^N (r^{N-2} i + r^{N-3} i^2 + \cdots + ri^{N-2})]}$$

代入后，U/V最后的结果式非常复杂，仔细观察，发现分子、分母前三项（小括号中的三项）完全一致，因此比较U和V的大小就变成了比较最后结果式中分子、分母小括号后面几项的大小。

为了书写简化，我们令

$$G = \sum_{n=1}^{N-1} C_N^{n+1} r^n \sum_{n=1}^{N-1} C_N^{n+1} i^n$$

$$H = N[C_N^3 ri + C_N^4 (r^2 i + ri^2) + \cdots + C_N^N (r^{N-2} i + r^{N-3} i^2 + \cdots + ri^{N-2})]$$

在G和H的展开式中，每一项都有$r^p i^q$因子，G一共有$(N-1)^2$项，H一共有$\frac{(N-1)(N-2)}{2}$项，也就是说，G所拥有的项数远多于H所拥有的项数，而且H中拥有的每一项$r^p i^q$因子，G中也对应拥有相同幂次数的$r^p i^q$因子。所以，我们只要比较这些$r^p i^q$因子前的系数大小，就可以比较出G和H的大小。

第 5 章 世间没有单利只有复利

（2）数学归纳法证明

在 H 中，对于每一项 $r^p i^q$ 因子，总是存在 $1 \leq p \leq N-2$，$1 \leq q \leq N-2$，$2 \leq p+q \leq N-1$。

而且，在 H 中，对于每一项 $r^p i^q$ 因子，p 与 q 的数值变化总是轮换对称出现，所以 p 与 q 地位等同，当 $p+q$ 值一定时，无论 p 与 q 如何变化，$r^p i^q$ 因子前的系数都是 C_N^{p+q+1}，因此，既然我们只是进行系数比较，所以可以用 $p+q$ 值作为一个整体考虑的变量，设 $p+q=l$，则 l 的取值范围是 $2 \leq l \leq N-1$，也就是说，l 的首项是 2，每一项递增为 1，共有 $N-2$ 项。

当 $p+q=l=2$ 时，根据 p 与 q 的取值范围，得到 $p=q=1$，因此 G、H 中的 ri 因子前系数分别是

$$(C_N^2)^2 = \frac{N^2(N-1)^2}{4}$$

$$NC_N^3 = N\frac{N(N-1)(N-2)}{6} = \frac{N^2(N-1)^2}{4} \cdot \frac{4(N-2)}{6(N-1)}$$

$$\frac{4(N-2)}{6(N-1)} < 1$$

很明显，对于 ri 因子，G 中的系数比 H 中的系数大。

接下来，我们采用数学归纳法。假设当 $p+q=l=k$（$2 \leq k$）时，G 中对应的 $r^p i^q$ 因子前系数 $C_N^{p+1} \cdot C_N^{q+1}$ 大于 H 中对应的 $r^p i^q$ 因子前系数 $NC_N^{p+q+1} = NC_N^{k+1}$，即

$$C_N^{p+1} \cdot C_N^{q+1} > NC_N^{k+1} \tag{5.3.28}$$

$$\frac{C_N^{p+1} \cdot C_N^{q+1}}{NC_N^{k+1}} > 1 \tag{5.3.29}$$

那么，当 $l=k+1$ 时，在 G 中，与之前的 $r^p i^q$ 因子相比，此时 G 中对应的因子是 $r^{p+1} i^q$ 或 $r^p i^{q+1}$，因此，相应的因子前系数是 $C_N^{p+2} \cdot C_N^{q+1}$ 或 $C_N^{p+1} \cdot C_N^{q+2}$；而在 H 中，相应的 $r^{p+1} i^q$ 或 $r^p i^{q+1}$ 因子前系数均是 $NC_N^{p+q+1+1} = NC_N^{k+2}$。

现在我们来比较 $C_N^{p+2} \cdot C_N^{q+1}$ 与 NC_N^{k+2} 以及 $C_N^{p+1} \cdot C_N^{p+2}$ 与 NC_N^{k+2} 的大小。

根据排列数公式 $C_N^n = \dfrac{N!}{n!(N-n)!}$，可以得到 $C_N^{n+1} = \dfrac{N!}{(n+1)!(N-n-1)!}$，前后两式对比，得到 $C_N^{n+1} = \dfrac{N-n}{n+1} C_N^n$，而后将此式分别代入 $C_N^{p+2} \cdot C_N^{q+1}$、$C_N^{p+1} \cdot C_N^{q+2}$、$NC_N^{k+2}$ 中，得到

$$C_N^{p+2} \cdot C_N^{q+1} = C_N^{p+1+1} \cdot C_N^{q+1} = \frac{N-p-1}{p+1+1} C_N^{p+1} C_N^{q+1}$$

$$C_N^{p+1} \cdot C_N^{q+2} = C_N^{p+1} \cdot C_N^{q+1+1} = \frac{N-q-1}{q+1+1} C_N^{p+1} C_N^{q+1}$$

$$NC_N^{k+2} = NC_N^{k+1+1} = N \frac{N-k-1}{k+1+1} C_N^{k+1}$$

再比较大小：

$$\frac{C_N^{p+2} \cdot C_N^{q+1}}{NC_N^{k+2}} = \frac{\dfrac{N-p-1}{p+1+1} C_N^{p+1} C_N^{q+1}}{N \dfrac{N-k-1}{k+1+1} C_N^{k+1}}$$

$$= \frac{\dfrac{N-p-1}{p+1+1}}{\dfrac{N-k-1}{k+1+1}} \cdot \frac{C_N^{p+1} \cdot C_N^{q+1}}{NC_N^{k+1}} \quad (5.3.30)$$

$$= \frac{N-(p+1)}{N-(k+1)} \cdot \frac{(k+1)+1}{(p+1)+1} \cdot \frac{C_N^{p+1} \cdot C_N^{q+1}}{NC_N^{k+1}}$$

因为 $p+q=l=k+1$，所以 $k \geq p$，再结合式（5.3.29），很容易判断出式（5.3.30）结果大于1。

同样可以得到 $\dfrac{C_N^{p+1} \cdot C_N^{q+2}}{NC_N^{k+2}} > 1$。

也就是说，当 $l=k+1$ 时，在 G 中对应的 $r^{p+1}i^q$、$r^p i^{q+1}$ 因子前的系数 $C_N^{p+2} \cdot C_N^{q+1}$、$C_N^{p+1} \cdot C_N^{q+2}$ 均大于 H 中对应的 $r^{p+1}i^q$、$r^p i^{q+1}$ 因子前的系数 NC_N^{k+2}。

现在我们已经知道，当 $p+q=l=2$ 时，G 中的 ri 因子前系数大于 H 中

的 ri 因子前系数；当 $p+q=l=3$ 时，根据之前的当 $l=k+1$ 时的证明结论可知，G 中的 r^2i、ri^2 因子前系数均大于 H 中对应的 r^2i、ri^2 因子前系数；当 $p+q=l=4$ 时，同样，G 中的 r^3i、r^2i^2、ri^3 因子前系数均大于 H 中对应的 r^3i、r^2i^2、ri^3 因子前系数。因此，这样递推下去，就知道当 $p+q=l=5,6,\cdots,N-1$ 时，G 中对应的 r^pi^q 因子前系数均大于 H 中对应的 r^pi^q 因子前系数。证明完毕。

至此，我们通过比较 r^pi^q 同次幂的系数得知，在 $r>i$ 的前提下，$G>H$，现在将求解思路回滚，由 $G>H$ 得知 $U>V$，再而可得 $T_1>T_2$，最后得到 $M_1>M_2$。反过来，在 $r<i$ 的前提下，$G>H$，则 $U<V$，再而可得 $T_1<T_2$，最后得到 $M_1<M_2$。

（五）小结

根据"等额本金与等额本息的比较"这一节全部内容，小结如下。

向银行贷款 M 元，贷款期限是 N 个月，贷款月利率是 i，还款方式有两种：每月等额本金和每月等额本息，则

（1）等额本金的还款总额 S_1 小于等额本息的还款总额 S_2。

（2）虽然等额本金的还款总额 S_1 小于等额本息的还款总额 S_2，但是 S_1 和 S_2 的货币现值都是 M。

（3）当月度通货膨胀率 r 高于月度贷款利率 i 时，等额本金还款总额的货币现值 M_1 大于等额本息还款总额的货币现值 M_2，也就是说，虽然还款总额 $S_1<S_2$，但算下来，货币现值却是 $M_1>M_2$。换句话说，当通货膨胀程度较高时，等额本金还款反而不合算。

（4）当月度通货膨胀率 r 低于月度贷款利率 i 时，等额本金还款总额的货币现值 M_1 小于等额本息还款总额的货币现值 M_2，换言之，这时用等额本金还款较为合算，但问题是，几十年来，我们何时遇到过 $r<i$ 的情况？

即使遇到过，那也只是一年或两年的短暂时间，从长远来看，一直是 $r>i$，所以最终结论是，按揭贷款一定要选择等额本息还款方式。

信用卡分期付款

所谓银行的信用卡分期付款，就是把需要偿还的本金平均分割为若干期（比如12期、24期、36期）偿还，用户每月偿还一个固定的额度：每期本金+每期手续费用。

举例说明，某信用卡用户消费了12000元，他向银行申请分期付款，共分12期，每期手续费率为0.6%，那么在之后的12个月里，他需要每月偿还给银行的金额=12000元/12+12000元×0.6%=1072元。

很多人感觉这样偿还的方式很合算，理由如下：

（1）12个月每月只要偿还1000多元，比一口气偿还12000元好多了；

（2）12个月一共偿还的总手续费用（或称"利息"）是864元，因此相当于年化贷款利率为864元/12000元=7.2%（或者，他们也会这样算，0.6%×12=7.2%，即年化贷款利率等于12倍月度费率），这个利率不算高。

事实上，感觉合算并不意味着真的合算，因为这种计算年化贷款利率的方法是错误的！阅读过前面"年利率和月利率的转换"这一节内容的读者也许会这样计算：此处的年化贷款利率=$(1+0.6\%)^{12}-1=7.44\%$，其实这种计算方法依然是错误的！

导致这些错误的根本原因在于没有正确计算贷款月利率，没有考虑到这样一个事实：用户每月都在偿还本金，即剩余的未偿还本金在不断减少，但是，用于计算每期手续费用的本金仍旧维持在最初的金额，因此这种情况下的贷款月利率绝对不是0.6%，而是大于0.6%。

那么，该如何计算年化贷款利率呢？

第 5 章　世间没有单利只有复利

（2）数学归纳法证明

在 H 中，对于每一项 $r^p i^q$ 因子，总是存在 $1 \leq p \leq N-2$，$1 \leq q \leq N-2$，$2 \leq p+q \leq N-1$。

而且，在 H 中，对于每一项 $r^p i^q$ 因子，p 与 q 的数值变化总是轮换对称出现，所以 p 与 q 地位等同，当 $p+q$ 值一定时，无论 p 与 q 如何变化，$r^p i^q$ 因子前的系数都是 C_N^{p+q+1}，因此，既然我们只是进行系数比较，所以可以用 $p+q$ 值作为一个整体考虑的变量，设 $p+q=l$，则 l 的取值范围是 $2 \leq l \leq N-1$，也就是说，l 的首项是 2，每一项递增为 1，共有 $N-2$ 项。

当 $p+q=l=2$ 时，根据 p 与 q 的取值范围，得到 $p=q=1$，因此 G、H 中的 ri 因子前系数分别是

$$(C_N^2)^2 = \frac{N^2(N-1)^2}{4}$$

$$NC_N^3 = N\frac{N(N-1)(N-2)}{6} = \frac{N^2(N-1)^2}{4} \cdot \frac{4(N-2)}{6(N-1)}$$

$$\frac{4(N-2)}{6(N-1)} < 1$$

很明显，对于 ri 因子，G 中的系数比 H 中的系数大。

接下来，我们采用数学归纳法。假设当 $p+q=l=k$（$2 \leq k$）时，G 中对应的 $r^p i^q$ 因子前系数 $C_N^{p+1} \cdot C_N^{q+1}$ 大于 H 中对应的 $r^p i^q$ 因子前系数 $NC_N^{p+q+1} = NC_N^{k+1}$，即

$$C_N^{p+1} \cdot C_N^{q+1} > NC_N^{k+1} \tag{5.3.28}$$

$$\frac{C_N^{p+1} \cdot C_N^{q+1}}{NC_N^{k+1}} > 1 \tag{5.3.29}$$

那么，当 $l=k+1$ 时，在 G 中，与之前的 $r^p i^q$ 因子相比，此时 G 中对应的因子是 $r^{p+1} i^q$ 或 $r^p i^{q+1}$，因此，相应的因子前系数是 $C_N^{p+2} \cdot C_N^{q+1}$ 或 $C_N^{p+1} \cdot C_N^{q+2}$；而在 H 中，相应的 $r^{p+1} i^q$ 或 $r^p i^{q+1}$ 因子前系数均是 $NC_N^{p+q+1+1} = NC_N^{k+2}$。

的 ri 因子前系数；当 $p+q=l=3$ 时，根据之前的当 $l=k+1$ 时的证明结论可知，G 中的 r^2i、ri^2 因子前系数均大于 H 中对应的 r^2i、ri^2 因子前系数；当 $p+q=l=4$ 时，同样，G 中的 r^3i、r^2i^2、ri^3 因子前系数均大于 H 中对应的 r^3i、r^2i^2、ri^3 因子前系数。因此，这样递推下去，就知道当 $p+q=l=5,6,\cdots,N-1$ 时，G 中对应的 r^pi^q 因子前系数均大于 H 中对应的 r^pi^q 因子前系数。证明完毕。

至此，我们通过比较 r^pi^q 同次幂的系数得知，在 $r>i$ 的前提下，$G>H$，现在将求解思路回滚，由 $G>H$ 得知 $U>V$，再而可得 $T_1>T_2$，最后得到 $M_1>M_2$。反过来，在 $r<i$ 的前提下，$G>H$，则 $U<V$，再而可得 $T_1<T_2$，最后得到 $M_1<M_2$。

（五）小结

根据"等额本金与等额本息的比较"这一节全部内容，小结如下。

向银行贷款 M 元，贷款期限是 N 个月，贷款月利率是 i，还款方式有两种：每月等额本金和每月等额本息，则

（1）等额本金的还款总额 S_1 小于等额本息的还款总额 S_2。

（2）虽然等额本金的还款总额 S_1 小于等额本息的还款总额 S_2，但是 S_1 和 S_2 的货币现值都是 M。

（3）当月度通货膨胀率 r 高于月度贷款利率 i 时，等额本金还款总额的货币现值 M_1 大于等额本息还款总额的货币现值 M_2，也就是说，虽然还款总额 $S_1<S_2$，但算下来，货币现值却是 $M_1>M_2$。换句话说，当通货膨胀程度较高时，等额本金还款反而不合算。

（4）当月度通货膨胀率 r 低于月度贷款利率 i 时，等额本金还款总额的货币现值 M_1 小于等额本息还款总额的货币现值 M_2，换言之，这时用等额本金还款较为合算，但问题是，几十年来，我们何时遇到过 $r<i$ 的情况？

即使遇到过，那也只是一年或两年的短暂时间，从长远来看，一直是 $r>i$，所以最终结论是，按揭贷款一定要选择等额本息还款方式。

信用卡分期付款

所谓银行的信用卡分期付款，就是把需要偿还的本金平均分割为若干期（比如12期、24期、36期）偿还，用户每月偿还一个固定的额度：每期本金+每期手续费用。

举例说明，某信用卡用户消费了12000元，他向银行申请分期付款，共分12期，每期手续费率为0.6%，那么在之后的12个月里，他需要每月偿还给银行的金额=12000元/12+12000元×0.6%=1072元。

很多人感觉这样偿还的方式很合算，理由如下：

（1）12个月每月只要偿还1000多元，比一口气偿还12000元好多了；

（2）12个月一共偿还的总手续费用（或称"利息"）是864元，因此相当于年化贷款利率为864元/12000元=7.2%（或者，他们也会这样算，0.6%×12=7.2%，即年化贷款利率等于12倍月度费率），这个利率不算高。

事实上，感觉合算并不意味着真的合算，因为这种计算年化贷款利率的方法是错误的！阅读过前面"年利率和月利率的转换"这一节内容的读者也许会这样计算：此处的年化贷款利率=$(1+0.6\%)^{12}-1=7.44\%$，其实这种计算方法依然是错误的！

导致这些错误的根本原因在于没有正确计算贷款月利率，没有考虑到这样一个事实：用户每月都在偿还本金，即剩余的未偿还本金在不断减少，但是，用于计算每期手续费用的本金仍旧维持在最初的金额，因此这种情况下的贷款月利率绝对不是0.6%，而是大于0.6%。

那么，该如何计算年化贷款利率呢？

第 5 章 世间没有单利只有复利

——这里需要使用货币现值这个金融概念。

我们先把上面的问题抽象成一道数学题：已知信用卡的消费总额是 M，用户采用分期付款的方式，共分成 N 期（即 N 个月），每期的手续费率是 $k(0<k<1)$，假设这种还款方式的等效贷款月利率是 i（$0<i<1$），试求出 i 的表达式。

这里我们先求出 i，而后根据复利公式 $(1+i)^{12}=1+I$ 求出等效的年化贷款利率 I。

以下开始具体求解。

因为每月的偿还金额是一个固定值（每期本金+每期手续费用），所以用 m 表示即为

$$m = \frac{M}{N} + Mk \tag{5.4.1}$$

接下来运用货币现值的概念：用户信用卡当前消费总额为 M，相当于当前银行贷款总额为 M，每月还款为 m，所以要使得未来货币等同于货币现值，于是有式 (5.1.13)。

将 m 的表达式代入式 (5.1.13) 中，可以得到

$$(1+i)^{N+1} - (1+k+\frac{1}{N})(1+i)^N + (k+\frac{1}{N}) = 0 \tag{5.4.2}$$

由式（5.4.2）可以看出，i 只与 N 和 K 有关，与 M 无关。

由于 N 和 k 是已知数，因此得到的式（5.4.2）其实是一个关于未知数 i 的一元高次方程，方程的次数 N 通常等于 12、24、36。数学的群论知识告诉我们，当未知数次数的最高项次数高于 4 次，一般形式的高次方程没有通用的求根公式，此时只能使用牛顿迭代法求解，通过手工计算是一项浩大的工程，我们可以使用数学软件完成这项工作。

这里我们采用一款在线的数学运算软件，网址为 http://www.wolframalpha.com/，将高次方程输入对话框，即可求得精确解。

根据数学运算软件的计算结果，我们可立即求出 i 值（对应于该数学软件中的 x 值）。这里需要注意，由于高次方程在复数范围内有多个解，因此在取值时，先选取实数范围内的解，而后要选取 $i > k$ 的解。之前已经讨论过，在剩余未偿还本金不断减少的情况下，用于计算每期手续费用的本金仍旧维持在最初的金额，因此这种情况下计算出来的贷款月利率 i 一定会大于月度手续费率 k。

针对不同的 N 和 k 计算 i，相关结果见表 5-1。

表 5-1　不同的 N 和 k 计算出的 i 值

	$N=12$	$N=24$	$N=36$
$k=0.60\%$	1.086%	1.105%	1.098%
$k=0.65\%$	1.175%	1.193%	1.183%
$k=0.70\%$	1.263%	1.282%	1.269%

求出 i 值后，根据复利公式 $(1+i)^{12} = 1+I$ 求出等效的年化贷款利率 I，相关结果见表 5-2。

表 5-2　不同的 N 和 k 计算出的 I 值

	$N=12$	$N=24$	$N=36$
$k=0.60\%$	13.839%	14.096%	14.002%
$k=0.65\%$	15.048%	15.294%	15.157%
$k=0.70\%$	16.254%	16.516%	16.337%

由表 5-2 可以看出，最后计算出来的年化贷款利率 I 较高。按照一开始的"年化贷款利率等于 12 倍月度费率"这一方法，我们作一比较，见表 5-3。

表 5-3　不同的 k 计算出的 I 值（12 倍 k 值）

年利率 I 值（12 倍月度费率）	
$k=0.60\%$	7.200%
$k=0.65\%$	7.800%
$k=0.70\%$	8.400%

通过数据对比可以看出，对于信用卡分期付款，真正的年化贷款利率近2倍于最初计算的结果。

除了分期付款以外，市面上还有许多其他的信用卡还款方式，比如首期支付全部手续费用，之后分期偿还本金。无论采用哪种方式，如要计算正确的年化贷款利率，都可以从货币现值的概念入手。

下面提出一个通用的计算年化贷款利率的公式（无论是针对信用卡还是一般贷款）。

假设每月偿还金额为m_n，其中$n=1，2，3，\cdots，N$，月贷款利率是i，那么，存在以下货币现值公式：

$$M = \frac{m_1}{1+i} + \frac{m_2}{(1+i)^2} + \cdots + \frac{m_N}{(1+i)^N} \tag{5.4.3}$$

计算出i值后，就可根据$I = (1+i)^{12} - 1$这一公式计算出年化贷款利率。

世间没有单利只有复利

假如读者已仔细阅读过"等额本息"和"年利率和月利率的转换"这两节内容，估计现在已经领悟了这个结论：世间没有单利只有复利。这是一个惊人的观点，会颠覆你的金融认知。

在"等额本息"一节中，我们使用了两种方法求解等额本息的每月还款金额，并得到一致的结果，这表明两种求解方法是完全等价的。那么这意味着什么呢？

在第二种求解方法中，使用了复利公式（5.1.13）进行求解。

我们可以思考这样一个问题，为什么不使用诸如以下单利这个公式呢？

$$M = \frac{m}{1+i} + \frac{m}{1+2i} + \cdots + \frac{m}{1+Ni} \tag{5.5.1}$$

很简单，因为当我们使用式（5.5.1）时，不可能得到 m 的解析式（5.1.8）。

那么有没有这种可能，式（5.1.8）本身是错误的？

其实不可能，因为在第一种求解方法中，我们使用了纯粹的数学方法并从正向求解，一个月一个月计算，最终求得了 m 的解析式，因此，式（5.1.8）的正确性毋庸置疑。

因此，接下来的逻辑就是，从式（5.1.13）可以导出式（5.1.8），但是从式（5.5.1）却导不出式（5.1.8），所以，式（5.5.1）是错误的，也就是说，用复利公式才可导出正确答案，用单利则不行。

为什么会这样呢？

其实当我们回过头去观察第一种求解方法中最开始的几个步骤就了解了：

$L_1 = M \cdot i$,

$B_1 = m - L_1 = m - M \cdot i$；

$L_2 = (M - B_1) \cdot i = (M \cdot i - m) \cdot (1+i) + m$,

$B_2 = m - L_2 = (m - M \cdot i) \cdot (1+i)$；

$L_3 = [M - (B_1 + B_2)] \cdot i = (M \cdot i - m) \cdot (1+i)^2 + m$,

$B_3 = m - L_3 = (m - M \cdot i) \cdot (1+i)^2$。

发现了吗？从第二个月开始，表达式里的 i 就出现了二次方，之后的第三个月出现三次方，而后逐月递进出现高次方，也就是说，在求解过程中，除了第一个月以外，利率 i 都是多次方，即在大于或等于 2 个利率周期内，只存在复利，不存在单利。

也许有些人会说，以上是以"月"为周期，如果以"年"为周期，那就存在单利。

这种想法站不住脚，举个例子：假设市场年利率是 10%，那么 2019

年的 12100 元在 2017 年的货币现值是多少？我们一步步推导出其内在矛盾：

（1）按照"以'年'为周期就用单利计算"的想法，2019 年的 12100 元在 2017 年的货币现值就是 12100 元／（1+2×10%）= 10083 元。

（2）换一种思路，不要直接计算两年的货币现值，而是逐年计算。

（3）2019 年的 12100 元在 2018 年的货币现值是多少？很容易计算出 12100 元／（1+10%）= 11000 元。

（4）2018 年的 11000 元在 2017 年的货币现值是多少？也容易计算出 11000 元／（1+10%）= 10000 元。

（5）于是矛盾出现了，同样计算货币现值，一个结果是 10083 元，一个结果是 10000 元！你会发现，仔细逐年计算，得到的结果一定是多个周期内出现复利现象。

（6）当然，如果你还是不想放弃单利这个概念，坚决认为 10083 元这个计算结果是正确的，那么你可以反问这样一个问题：在逐年计算的前提下，如何将 12100 元运算成 10083 元？

论证到这里，我们可以发现这样一个规律：给定一个利率周期，当需要计算的时间长于这个利率周期时，这段时间所反映的利率大小必须通过之前给定利率的复利形式（复利指数大于 1）表达出来；反过来，给定一个利率周期，当需要计算的时间短于这个利率周期时，这段时间所反映的利率大小同样必须通过之前给定利率的复利形式（复利指数小于 1）表达出来。

以上描述的这个规律，用数学语言表达更为清楚：设大周期的利率为 I，小周期的利率为 i，大周期时长是小周期时长的 N 倍，则 I 与 i 之间的关系式为

$$(1+i)^N = 1+I \tag{5.5.2}$$

我们只要知道一年期基准利率，就可以通过大小周期利率转换公式计算出日利率、月利率、季度利率、半年度利率、二年利率、三年利率、十年利率等。

既然世间不存在单利，只有复利，这不得不让人想起一句话——"复利是世界第八大奇迹，其威力堪比原子弹"。

通过一个例子解释复利的威力：假设年利率是2%，今年你借出去10000元，那么2000年后，你的子孙会从借款者的子孙那里拿到15.86万亿亿元！换句话说，你今年借出去10000元，2000年后，你的子孙连本带利拿回就可以买下整个地球！

当然，有人会说，2000年后，货币早已贬值成0，"万亿亿元"没有作用。那我们就不用货币计算，改用黄金：假设黄金年利率是2%，今年你借出去1克黄金，2000年后，你的子孙会从借款者的子孙那里拿到1586亿吨黄金！但人类文明5000年以来，一共只挖出20万吨黄金。

看到这两个例子，我相信很多人会认为还是使用单利吧，复利太可怕了。但是，我们在上文中已经用逻辑证明单利不存在，只有复利，于是矛盾出现了，到底是哪里出了问题呢？

问题出在利息的支付上！

大家仔细看上面的两个例子，你要获得最后买下地球的这个结果，需要整整2000年来利滚利，就是说在2000年的时间里，借款人不用给放款人支付利息！这可能吗？有谁或哪个机构会签订一个在2000年的时间里都不用给借款人支付利息的借款合同？一笔借款，如果一年内没有支付利息，就可以判定其为问题贷款了。

正是因为定期的利息支付，所以对借款者而言没有出现利滚利。还有，从借款时长来说，也绝对不可能出现2000年这种周期，我们可以发现，最长的债券周期是30年（比如30年期国债），最长的银行贷款时长也是30年（比如住房按揭抵押贷款），为什么是30年？因为人都有寿命、人无法永生，更重要的是，既然要还款，那么借款人就要劳作，而劳作是要耗费人的时间与精力的，人一旦到了一定的年龄，劳作能力就会递减，因此贷款的最大时长都控制在人具有劳作能力的时段内，即30年。

世间虽然不存在单利只有复利，但是，定期的利息支付、30年的劳作能力时长，这些硬性要求都把复利的威力控制在了可承受的范围以内，一旦突破这两条规则，复利的可怕威力就会凸显出来，破产倒闭随之而来。现在有些欧洲国家发行了50年期甚至100年期的国债，未来这必将使该国民众承受莫大痛苦（如大幅提高税率、货币快速贬值等）。

第6章

重塑货币制度（上）

特别提款权能否成为未来货币

自2008年金融危机以来,金融界不断发出改革国际货币体系的声音,其中最关键的是如何设计出国际储备货币单位,以特别提款权(Special Drawing Right,SDR)的呼声最高。

SDR是一种国际储备资产,由国际货币基金组织(International Monetary Fund,IMF)发行。这是SDR的定义。

SDR用于补充IMF成员国的官方储备,这是SDR的作用。通常一国的官方储备包括黄金、美元、欧元、英镑,或者是以这些币种计价的资产,也就是说,SDR与黄金、美元、欧元、英镑功能一致。一般地,官方储备置于一国央行资产负债表的资产方。

那么,SDR是如何发行的呢?作为一个货币金融研究者,最关心的就是这个问题。

由于SDR与美元功能一致,并且都有发行方,那么我们可以借鉴美元的发行模式来研究SDR的发行模式。

当今美元的发行方是美联储,发行机制简单来说就是美联储以国债为抵押发行美元,比如美联储买进1亿美元国债,发行1亿美元的货币(当然，这里的 1 亿美元是指基础货币），国债置于美联储的资产方，美元置于美联储的负债方。

根据这个逻辑，我们查看 IMF 的资产负债表（见表 6-1），注意表中的记账单位都是 SDR。

表 6-1　IMF 的 2018 年年末资产负债表

(In millions of SDRs)

	Note	2018
Assets		
Usable currencies		361,099
Credit outstanding	5	37,884
Other currencies		67,804
Total currencies	5	466,787
SDR holdings		26,472
Investments	6	20,774
Gold holdings	8	3,167
Property, plant and equipment and intangible assets	9	494
Net defined benefit asset	11	472
Other assets	10	655
Total assets		**518,821**
Liabilities		
Other liabilities	10	966
Net defined benefit liability	11	20
Special Contingent Account	12	1,188
Borrowings	13	19,823
Quotas	14	475,473
Total liabilities		**497,470**
Reserves of the General Resources Account	15	20,684
Retained earnings of the Investment Account		658
Resources of the Special Disbursement Account		9
Total liabilities, reserves, retained earnings, and resources		**518,821**

大多数人一开始看到这张表的负债方，认为表中的 quota（份额）就是 SDR；然后再结合资产方各科目的数值进行推论：IMF 以成员国"认

缴"的资金 currency（比如美元、欧元、英镑、本国货币）为抵押发行了 SDR。

但有两个被忽略的事实却可以推翻以上的结论：

(1) IMF 声称，quota 是 IMF 的资金来源，而份额的多少决定了成员国被分配到的 SDR 数量；

(2) 截至 2018 年年末，IMF 一共发行了 2041 亿 SDR。

如果 quota 是 SDR，即 IMF 发行的这个 SDR 本身就是 IMF 的资金来源，那么 IMF 资产方中何必有"usable currencies"这个科目呢？还有，如果 quota 是 SDR，那么表中的数值与 2041 亿无法匹配。

因此，quota 绝对不是 SDR。那么 quota 到底是什么意思？IMF 发行的 SDR 列在表格中的哪个科目呢？

quota 的问题很容易解决。

《国际货币基金组织协定》第 3 条第 1 款规定：成员国的认缴款等于其份额。也就是说，所谓的份额是指成员国缴纳给 IMF 的资金，这笔资金可以是美元、欧元、英镑等自由兑换货币。

既然份额是成员国缴纳给 IMF 的资金，那么，为什么 quota 需要列在 IMF 的负债方？与此同时，IMF 为什么还有权动用这笔资金进行国际放贷？换言之，就这笔资金而言，成员国和 IMF 之间到底属于什么法律关系？"认缴"一词到底意味着什么？

《国际货币基金组织协定》第 26 条第 1 款规定：成员国可以随时退出 IMF。再结合第 24 条，可以看出，成员国可以随时取回所认缴的这笔资金。

由此可见：

(1) IMF 可以将成员国认缴的这笔资金用于放贷；

(2) 成员国可以随时取回这笔资金；

（3）这笔资金处于 IMF 资产方的 currency 科目；

（4）成员国的认缴款等于其份额，而份额处于 IMF 负债方的 quota 科目。

结合以上事实，我们可以认为，就这笔资金而言，IMF 和成员国之间是借贷与保管并存的法律关系，这与部分准备金制度中银行和储户的法律关系完全一样！

只不过比起银行，IMF 还不需要就这笔资金向成员国支付利息。可是，IMF 虽然不必为这笔资金支付利息，但需要为成员国持有的 SDR 支付利息，见《国际货币基金组织协定》第 20 条第 1 款规定。这种制度安排实在是换汤不换药。

关于份额，还有一点需要注意，IMF 宣称，成员国获得的份额多少决定了成员国在 IMF 事务中的投票权，因此份额还有股权的功能，但成员国认缴资金获得份额后，却并不意味着其就是 IMF 的股东。换言之，认缴的这笔资金，对成员国来说，既是债权投资又是股权投资。

截至目前，我们依然不知道 IMF 发行的这个 SDR 到底列在资产负债表中的哪个科目。IMF 官网上公开的资料中有这样一句话："SDR 不是货币，也不是对 IMF 的债权，而是对 IMF 成员国的可自由使用的货币的潜在求偿权。"注意这个"潜在求偿权"，这句话翻译过来就是说 SDR 是成员国的潜在支付义务！也就是说，SDR 明明是 IMF 发行的，但是"见 SDR 即付"的义务方不是 IMF，而是其他国家或机构！荒不荒唐！相当于说，IMF 作为一个法律主体，不是以其自身的财产承担法律责任，而是以其他法律主体的财产承担法律责任！所以现在可以理解为什么在 IMF 的资产负债表中找不到发行 SDR 的科目。

至此已经清楚，IMF 发行 SDR 的依据是成员国官方储备中可自由使用的货币，需要强调的是，需要把认缴给 IMF 的那笔资金排除。

SDR 是对 IMF 成员国可自由使用的货币的潜在求偿权，因此，SDR 的发行上限是所有成员国的官方储备中所有可自由使用的货币的总和。

据此推断，SDR 记在 IMF 的表外负债科目，用单式记账法（表内科目用的是复式记账法）。但问题在于，SDR 并没有相应地记在成员国的表外资产科目，而是记在了成员国央行的表内资产方。

两者的记账方式不对称，因此这样的记账行为在无形中增加了官方储备资产；由于官方储备资产置于一国央行的资产方，而央行资产方增加，会使得该国基础货币增加，即流动性提升。因此，自 2008 年金融危机以来，对于 SDR 的功能，我们总会看到这样一句话："2009 年 SDR 分配在向全球经济体系提供流动性以及补充全球金融危机期间各成员国的官方储备中发挥了关键作用。"

官方储备资产为什么会发生不足需要补充？根本原因在于，当今全球央行的货币治理犯了同一个毛病：以储备货币为抵押发行本国货币后，继续把这些储备货币用于支付或投资，比如用于国际贸易支付、投资储备货币发行国的债券。

要知道，本国货币一旦发行出来，这些被抵押的储备货币就不能再流通于市场了，因为本国货币和这些被抵押的储备货币同时流通于市场，等于货币总数量扩张了；货币总数量一旦扩张，货币流动需求数量也同样增加，但官方储备货币已经减少，因此表现为官方储备资产不足。

于是，SDR 应运而生，但是 SDR 的发行机制却是如此荒唐。以目前的 SDR 发行机制来看，如果 SDR 上位取代美元，情况只会更糟。到时，SDR 成为各国央行权重最高的储备资产，然后，各国央行再依据 SDR 发行本国的货币，比如，A 国依据 1 单位 SDR 发行 2 单位 A 币，B 国依据 1 单位 SDR 发行 10 单位 B 币，则 A、B 两国货币汇率是 1∶5。

但问题在于：

（1）到时 IMF 依据什么发行 SDR，即 SDR 的发行担保品是什么？黄金等硬资产，还是其他（如联合国债券）？是 IMF"见 SDR 即付担保品"，还是各国央行"见 SDR 即付担保品"？

（2）作为各国央行储备资产的 SDR，是否可以在国际贸易中流通？如果可以，则等于是根据 SDR 的发行担保品发行了双倍的货币。

（3）作为各国央行储备资产的 SDR，是否可以用于国际借贷？假若发生借贷，则借入方以什么作抵押担保？如果该抵押担保品与 SDR 的发行担保品不同，则会形成借出方的货币超发。

（4）商业银行是依旧实行部分准备金制度，还是分成边界分明的保管银行和借贷银行？

综上所述，SDR 无法成为运作良好的未来货币。

数字货币系统能否替代现有货币系统

随着数字货币概念的传播范围越来越广、市值越来越大，很多人认为数字货币系统未来会取代现有货币系统。

的确，当今的这套货币系统问题重重、亟须改革，但关键在于怎么改。想要知道怎么改，必须先知道这套货币系统的问题到底出在哪里。

这里要问的是，有多少人清楚认识了现有这套货币系统的运作细则？现有货币系统存在哪些问题？问题的根源是什么？

如果对上面的问题认知不清，那么即便数字货币系统取代了现有货币系统，到最后依然会产生同样的问题。

大家都不知道原有系统的缺陷所在，因此当旧系统的缺陷在新系统中重新出现时，大家照旧浑然不知，直到局面无法收拾，再重建、再毁灭、再重建……像经济周期一样反复发生。

现有货币系统的致命缺陷就是混淆了货币保管和货币借贷。基于这个致命的缺陷，形成了部分准备金制度。

目前对于众多的数字货币交易场所、交易中心，有没有混淆货币保管和货币借贷？这还不太清楚。但估计即便有，数字货币玩家也分不清楚，因为大家都不愿意把货币的底层逻辑弄明白，一看见"混淆货币保管和货币借贷"这句话，就认为"好高深，感觉是法学问题，没学过，不想了解"，但其实道理很简单。

（1）货币保管，A把1万元交给B代为保管，则B无权动用这笔钱，这笔钱依然属于A；或者说，B的货币库存中必须时刻留足1万元以应对A的提取，即在B的货币库存中，有1万元是B无权动用的，这1万元依然属于A。

（2）货币借贷，A把1万元借给B，则B有权动用这笔钱，这笔钱属于B，A在失去这笔钱的同时，获得一份1万元的债权请求。

（3）货币保管中，钱属于A不属于B，B无权动用；货币借贷中，钱属于B不属于A，B有权动用。货币保管和货币借贷这两种关系在货币权属上是相互排斥的，即要么是货币保管，要么是货币借贷，或者说钱要么属于A，要么属于B。

（4）所谓"混淆货币保管和货币借贷"，就是指"A把钱交给B"这个行为发生之后，我们需要判定这笔钱到底是属于A还是属于B，以及B是否有权动用这笔钱；如果这笔钱属于A，但同时B又有权动用，那么，对比一下第（3）条中的权属特征，可以发现一个极其有趣的问题：这笔钱在A、B之间的关系到底是货币保管还是货币借贷？想想你把钱存入银行，是不是这样？

在没有厘清现有货币系统中的缺陷时，贸然用数字货币系统替代，结局就是重蹈覆辙。

虚拟货币和实体货币

不知道从什么时候开始，出现了"虚拟货币"这个词。印象中，随着比特币的声名鹊起，"虚拟货币"一词在互联网上逐渐被人所熟知。

可是，当我们都在谈论"虚拟货币"时，却忘了这样一些问题：

如果比特币是虚拟货币，那什么是"实体货币"？

为什么要把比特币称为虚拟货币？难道就是因为它摸不着？

如果因为摸不着就称为虚拟货币，那么微信钱包中的货币、支付宝中的货币是不是也可以称为虚拟货币？

微信钱包中的货币、支付宝中的货币和我们银行卡内的货币完全一致，那银行卡内的货币是不是也可以称为虚拟货币？

银行卡内的货币和我们钱包中的纸币完全一致，那钱包中的纸币是不是也可以称为虚拟货币？

也就是说，如果这些全部都是虚拟货币，那实体货币是什么？

如果把比特币称为虚拟货币的原因归结为"比特币没有央行的信用背书"，那么照此推论，没有央行背书的黄金也是虚拟货币，也就是说，拿在手里感到实在又沉甸甸的黄金是虚拟货币。

对"虚拟货币"这个词从一开始就没有定义清楚。

在此，笔者给"虚拟货币"下一个定义：只有黄金是实体货币，其他都是虚拟货币。

这个定义模仿了 J. P. 摩根在 1912 年说的一句话：只有黄金是货币，其他都是信用。

读者如果不认可上面这两句话，那可以想想：当今法定货币系统中的单位"元"是如何定义的？比特币系统中的单位"聪"是如何定义的？黄金的单位"盎司"或"克"是实实在在的物理量。

假若还不明白,那可以思考这样一个问题:如果你想留一笔钱给你的子孙后代,你是选择留一箱黄金,还是选择留一堆纸币?

100 美元纸币和 50 美元纸币

(一)

100 美元纸币和 50 美元纸币,两者都是纸张,两者的制作材料、制造工艺、防伪技术都是一样的,不一样的只是钞面上写的数字,一个是 100,另一个是 50。

但是,为什么仅仅因为数字不一样,100 美元纸币买到的商品就是 50 美元纸币买到的商品的 2 倍?

为什么写上不同的数字,就使得同样的纸张具备了不同的购买力?

一定存在一个被我们忽视的关键点,找出这个关键点,就可以理解上面这个问题。

这个被我们忽视的关键点就是 100、50 这些数字后面跟着的这个"元"是如何定义的。顺便提一下,这个关键点被 99.9% 的人忽视了。

当今,支付宝、微信支付、Apple Pay、网银转账、手机银行转账、刷卡支付、刷脸支付这些不同支付方式的出现,让人误以为货币就是一个数字,人们都忘了一个基本事实:增减数字的后面都跟着一个单位"元",关键在于这个"元"是如何定义的。

"元"到底是如何定义的呢?

很简单,"元"的最初本义是金属重量单位,或者其他实物商品的重量单位。美元、英镑、比索、马克、里拉——这些词的原本含义都是重量单位。

如果把 1 美元定义为 1 克黄金（或者 1 磅白银、1 磅黄铜甚至 1 磅小麦等实物商品），那么，你就可以一下子理解"为什么 100 美元纸币买到的商品是 50 美元纸币买到的商品的 2 倍"。

（二）

你也许会问，那现在的 1 美元是如何定义的呢？

现在的 1 美元定义为 1 美元债券（比如国债、MBS 债券），也就是说，美联储买进 100 美元国债，释放出 100 美元货币，国债处于美联储资产方，货币处于美联储负债方。

你看出这种定义的逻辑矛盾了吗？

这种定义陷入了循环论证：既然国债先于美元产生，那么在美元产生之前，"100 美元国债"这个说法从何而来？也就是说，既然还没有产生美元，那么如何用不存在的美元去定价一笔债券？

可能有人会说这个国债的价格是用之前已经存在的美元定价的。

那么问题就来了：之前已经存在的这个美元，其 1 美元又是如何定义的呢？追本溯源，你会发现，1 美元定义为一定重量的金属。

对于货币，脑中要牢记一个问题：货币单位"元"是如何定义的？

货币的单位如果是金属的重量，那至少有一个好处：我们可以迅速知道货币有没有超发。

什么意思呢？比如，货币的单位是黄金盎司（理解为依据黄金发行货币），那么，当媒体说"目前全社会的货币总量是 1 亿吨黄金"时，我们就可以立即判断出货币超发了，因为全世界的黄金总量只有 20 万吨，怎么可能有 1 亿吨？用黄金定义货币，可以从全球黄金总量的角度判断货币是否超发，简洁明了。

第 6 章　重塑货币制度（上）

反过来，用纸币或电子账户余额定义货币，货币的单位又是模棱两可的"元"，那么，我们无法清楚地知道货币是否超发了，因为没有简明的规则定义超发（难道用全球纸张数量或电脑的最大存储位数？），只能复杂计算。

（三）

这里，再次说一下比特币的单位定义。

如果把比特币看作货币，那么比特币的单位是什么？是 1 比特币，还是 1 聪？

"static const int64 COIN = 100000000"，比特币的源代码清清楚楚地告诉我们，1 比特币 = 100000000，1 聪 = 1，也就是说，比特币连一个货币的单位都没有，仅仅是一个没有实际单位的自然数。

这 100000000 代表什么呢？100000000 双鞋子？100000000 度电？100000000 平方米土地面积？100000000 克黄金？什么都代表不了。

中本聪在编程时，没有考虑这个问题。

很多人因为不去看源代码，仅仅看到了"COIN"这个名字，就想当然地认为这就是货币。如果中本聪把这个自然数取名为"APPLE"，你是不是会认为这就是一个苹果？

一个新生"事物"，没有和经济世界的真实资产作嫁接，仅仅因为其名称里有"币"这个字，你就要让它成为交易媒介、货币，那只有两种方法：利用人性的恐惧心理强制推行和利用人性的贪财心理忽悠接受。

你愿意让货币是什么

总是有人问：货币是什么？货币的本质是什么？

目前，在人们对"货币"一词理解混乱的环境下，直接正向解释非常困难，因此通过一个思想试验从逆向角度解决问题。

该思想试验分三个步骤：

（1）如果货币是一种商品，那么，任何人要想获得货币，只有通过以下方法：自己生产这种商品、用自己的劳作到市场上交换这种商品、接受别人的赠与。

（2）如果货币是纸片或者账户数字，那么，对你来说，要想获得货币，依然要用以上提到的方法；但是对于掌握纸片印刷权力、账户数字变化权力的人来说，要想获得货币，除了以上方法，还可以通过开动印刷机、敲打键盘这两种方法轻轻松松地获得大量货币（当然，他还可以根据自己的喜好，把这些轻松得来的货币赠予他认为可以赠予的人，这个行为也决定了你对他的态度）。

（3）那么，你愿意让货币是什么？

也许有些人会说：我想成为掌握那两种权力的人。从人性的自私角度出发，几乎所有人都想成为那样的人，但是，如果所有的人都成为那样的人，那么这个世界上就只有纸片和账户数字，其他什么都不存在。

所以，再问一次：你愿意让货币是什么？

商品！只有商品。货币的本质是商品，不是信用。

接下来需要解决的问题是，既然货币的本质是商品，那么，什么样的商品适合作为货币？

千百年来，经过市场的洗礼，不同文化背景、不同民族地区的人都不约而同地选择把黄金作为货币。

讲到这里，估计有些人会说，用黄金作为货币已成为历史，随着技术的发展，纸币、电子账户余额替代了黄金。你如果这么想，那请回过头再去看一下思想试验的第（2）步骤。

第6章 重塑货币制度（上）

大部分人会说，即便只有黄金适合作为货币，但现代社会，用黄金在市场上进行交换终究不方便，易遗失、易遭窃。对于这个问题，你可以先思考一下"货币兑换凭证"这个词，然后回顾一下第 1 章的第 2 节、第 3 节内容。

还有一些人会说，按照思想试验的第（1）步骤，比特币也适合作为货币。对于这个问题，笔者想说，比特币不是商品，它只是一个自然数，在比特币系统里，不把自然数"1"称为"一"，而是称为"聪"，不把"100000000"称为"一亿"，而是称为"比特币"，仅此而已。"static const int64 COIN=100000000"，这就是比特币的定义，这清清楚楚地被写在比特币源代码的头文件里。

最后回答本章一开始提到的问题：货币的本质是商品，最适合作为货币的商品是黄金。我们经常把"货币"称为"金钱"，其实"金钱"这个词已经表明了货币的实质："金"指代黄金，"钱"是一种重量单位，即有重量的黄金才是货币，没有重量的黄金券只是货币的凭证。

第7章

重塑货币制度
（下）

区块链、智能合约和部分准备金制度

当今货币体系中的最大问题就是部分准备金制度。

先用一句话总结一下现有部分准备金制度的问题：站在储户的角度看，储户和银行签订的存款合约是保管合约，存款所有权属于储户；站在银行的角度看，银行和储户签订的存款合约是借贷合约，存款所有权属于银行。一个杂合了保管关系和借贷关系的存款合约使得货币产生了双重所有权，破坏了货币财产的私有性。

因此，我们一定要改变这个不合理的现象。那么具体如何改变？

刚才提到，一个杂合了保管关系和借贷关系的存款合约使得货币产生了双重所有权。既然货币的双重所有权产生于杂合了保管关系和借贷关系的存款合约，那么就不要让存款合约杂合保管关系和借贷关系，即严格把保管合约与借贷合约区分开来。这样的严格区分，导致的结果就是把部分准备金制度变成了百分百准备金制度，因为在严格的保管合约和借贷合约中，货币所有权仅仅属于一方，不会产生双重关系。

换句话说，把钱存入银行，要么是把钱交给银行保管，要么是把钱借给银行，即把现在存贷合营的商业银行拆分成仅仅做储蓄业务的存款银行和仅仅做借贷业务的贷款银行。换言之，但凡钱进入存款银行，就是把钱交给银行保管，实行百分百准备金制度；但凡钱进入贷款银行，就是把钱借给银行，只有借贷到期，才可以把钱取回。

钱借给贷款银行之后，贷款银行会将这笔钱再放贷出去给需要资金的客户（只有这样做，贷款银行才能产生利润，才有能力给"储户"支付利息，严格地说，应称此处的"储户"为"借户"或"投资户"），正是因为借来的钱已经发放出去了，此时贷款银行不会主动向"储户"承诺可以随时把钱取回。

所以，接下来的关键问题是：如何让存款银行严格遵守保管合约，不会把储户资金用于放贷？

——使用基于区块链技术的智能合约。

区块链技术最早应用于比特币系统，虽然笔者对比特币持反对态度，但其底层的区块链技术却是一种很好的防伪技术。网上有一段视频——"手把手带你理解区块链原理"，用非常通俗的语言解释了区块链的工作原理，链接网址：https://mp.weixin.qq.com/s/ozIZIqGGL0V3qvFBE_4RJQ。

区块链的本质是一种分布式数据库，网络上的每个节点都有一份数据库，并且时刻更新，而智能合约是基于区块链技术的一种应用。所谓智能合约，是指当一个预先编好的条件被触发时，智能合约就会执行相应的合同条款，并且把执行结果在整个区块链网络上广播，通知到每一个节点。

因为部分准备金制度违反了保管合约，因此可以用智能合约遏制银行动用保管合约中的储户存款进行放贷的行为，即储户将钱存入银行，与银行签订保管合约。这是一个智能保管合约，智能体现在哪里？一旦智能合约上的钱被存款银行用于放贷，则智能合约立即执行相应的违约条款（比如高额违约金、罚款、处分等），并在整个区块链上广播，每个节点都知道这家银行实行了部分准备金制度，从而引发挤兑，维护百分百准备金制度。

有人认为，部分准备金制度合理地把闲置资金调度起来，发展了经济。对这种说法，笔者首先想回应的是，经济得以发展是不是因为实行了部分准备金制度？这个结论不对。真正的原因在于经济尽可能地实现市场化。笔者想反问，当你理解了部分准备金制度的运作机理，你还会觉得部分准备金制度把闲置资金调度起来是一种"合理"的行为吗？部分准备金制度有权"调度"闲置资金吗？那些资金真是"闲置"的吗？回顾一下第2章内容。

恒量货币制度是否可行

所谓恒量货币制度，就是指无论经济状态如何变化，货币的发行总量保持恒定不变。

不知道是谁先提出恒量货币制度这个概念的，但一定不是主流经济学派，原因很简单，主流经济学派喜欢搞货币扩张。

恒量货币制度究竟有什么问题呢？通过一个反例就可以证明。

分步骤说明：

（1）一个经济体，货币总量恒定为 M，里面的人分为三种：甲种人、乙种人、丙种人。

（2）初始状态，货币都在甲种人手中，而后，甲种人把货币全部借给乙种人，利率为 I，一共有 N 笔借贷，乙种人拿到贷款，向丙种人购买各种生产资料，于是，货币由乙种人转移至丙种人；接下来，由于各种支付消费行为，丙种人手上的钱又转移至甲种人或乙种人，又或者丙种人自己留存，而后，甲、乙、丙三种人手上的钱又因为其他消费投资行为在三者之间互相循环往复，也就是说，全部货币最终分布于这三种人手上。

（3）关键之处来了，先前甲种人借给乙种人的 N 笔借贷都在同一天到期（或者说到期日密集地集中在某一个时间段）。

（4）当借贷到期时，需要偿还的货币总额是 $M+MI$，很明显 $M+MI>M$，即需要偿还的货币总额大于实际的货币总存量。

（5）在 N 笔借贷到期时间（段）内，甲、乙、丙三种人，只有乙种人是债务人，为了偿还贷款不违约，乙种人会强烈追逐存量货币，这种对货币的追逐会引发利率在短时间内飙升，影响人们的消费储蓄偏好，从而干扰物价系统，甚至干扰股市、债市等，同时支付清算系统会发生倾轧。

当然，有些人会说，借贷到期日集中于同一天或集中在某一个时间段的情况太巧了，发生的概率很小，可以不用考虑。

事实上，如果一个理论是正确的，那么应该找不到推翻它的反例，而且发生"所有的借贷到期日集中于同一天"这种事情的概率的确很小，但是，发生"许多笔借贷到期日集中在某一个时间段"这种事情的概率还是挺大的，比如，2018年下半年上百家P2P平台暴雷，用户都想结束借贷集中提款，于是在短时期内需要流动的资金数量接近或大于可流动的资金总额（通俗地说，从市场上找不到钱了），从而引发了支付清算系统的倾轧。当然，发生这种情况的另一个原因是部分准备金制度存在内生性缺陷，具体分析见第3章第5节。

既然恒量货币制度行不通，那什么样的货币数量行得通呢？下一节再谈。

货币增量与货币存量之比——谈最优货币发行量

直接正向求解出一个最优货币发行量很难，很多经济学家做过尝试，但结果反而是引起了更多的争论，所以换个角度看问题。

第7章 重塑货币制度（下）

货币发行量包括货币增量和货币存量，因此这就引申出了一个问题：货币增量与货币存量之比是多少为好？

这个比值如果为零，那就是货币恒量制，即货币数量不增长，永远等于存量货币。货币恒量制是否有问题？上一节已经详细论证过，至少存在这样一个问题：当所有的货币都用于借贷，并且借贷到期日相同，那么由于借贷利率的存在，到期要偿还的货币总额会大于已经存在的货币数量，到时候，由于增量货币为零，为了还贷，所有人都会追逐存量货币，于是干扰整个物价系统，同时支付清算系统会发生倾轧。

对于货币增量与货币存量之比值为负，以上问题同样存在。因此，使用排除法，货币增量与货币存量之比值只能为正，那么这个正的数值是多少才合适呢？

这个比值首先不能高于经济增长率，否则就会引起通货膨胀，那么这个比值只能是等于或低于经济增长率。

通过一种什么样的货币和货币制度可以达到这个要求？信用货币不行，部分准备金制度不行。因此，要同时满足非信用货币和全部准备金制度两个条件。

不过即便是同时满足了这两个条件，事情也并没有结束。虽然制度的选择已达到精准，全部准备就是百分百准备，但是货币的选择却远还没有达到精准，因为很多货币都可以满足非信用货币这一条件，比如贝壳、盐、糖、大米、金银等，到底选哪种非信用货币呢？

这里要指出一点：我们千万不要认为一种货币若属于非信用货币就是好货币。成为一种好货币还要满足其他条件：易保存不变质、可分割且分割后价值也等比分割、易携带、难伪造、存量有限。根据这些条件作排除，就只剩下黄金和白银了；假如白银用作货币，却不满足"货币增量与货币存量之比等于或低于经济增长率"这一条件，因为白银是一种重要的工业原材料，一直处于净消耗状态，回收困难，这使得白银存量较小，不适合作货币增长率的分母，所以只剩下黄金。黄金配合百分百准备制，俗称百分百金本位。

每年新增的黄金数量总是为正，所以金本位不存在一开始提到的那个问题。那么，还剩下一个疑问：如何证明黄金增量与黄金存量之比值不高于经济增长率？

我们现在假设黄金增量与黄金存量之比值高于经济增长率，然后来看看会出现什么情况。

一方面，在金本位下，黄金是货币，因此按照假设条件，货币增长率高于经济增长率，发生了通货膨胀。也就是说，相比以往，如今同样数量的黄金能购买到的物品变少了，即黄金兑换商品的能力下降了，黄金购买力贬值了，相较于社会上的商品和服务的数量，黄金数量相对变多，那么假如此时黄金开采业不降低黄金产量，会导致无法把开采出来的黄金全部卖出去，在这种情况下，黄金开采业只能减产，这就直接导致新开采出来的黄金数量减少，于是货币增长率下降。

另一方面，对于市场上的企业家来说，当他看到"如今同样数量的黄金能购买到的物品变少"时，他会敏锐地意识到这一现象的反面——"如今同样数量的物品可以兑换到更多的黄金"，同时，由于货币增长率高于经济增长率，即货币供应数量增加，利率下降，企业家得到利率下降的信号，会促使他扩大投资（哈耶克生产结构三角形的底边拓展，即资本品战线拉长；关于哈耶克三角形，见附录六《奥地利经济学派的基础概念》），从而加大产能，甚至部分从事黄金开采业的企业家会转行从事其他行业。如此一来，会直接导致社会上商品和服务数量相对增多，即经济增长率上升。

因此，在金本位下，一旦发生货币增长率高于经济增长率的情况，市场自会作出调整,使得货币增长率下降,经济增长率上升,从而假设的"黄金增量与黄金存量之比值高于经济增长率"不存在,即便存在,也是短期的。

其实金本位下,这个问题在罗斯巴德的论文《货币、国家与现代重商主义》里已有过类似的揭示,只不过他是以所有行业的收益率作说明,而所有行业收益率与经济增长率之间的联系感较弱:"自由市场上的所有行业,在长期来看总是趋向于获得大致相同的收益率;如果不是这样,那么资本和资源将流出收益较差的行业,并流入收益更好的行业,直到收益率相等;因此,在金本位下,黄金开采行业在自由市场上将不会获得任何持久的意外之财,它倾向于赚取与其他行业大致相等的收益率。"

对于金本位,米塞斯在其著作《人的行为》中给予了高度赞扬:"金本位增进了福利、自由和政治的、经济的民主。西方的工业制度和西方的资本,靠金本位这个交易媒介把西方文明传播到遥远的地方,创造前所未有的财富。几乎把所有的国家联合成一个国际社会,彼此和平合作。人们为什么把金本位看作这个最大最有利的历史变动的象征,这是容易理解的。"

金本位,不论在过去,还是在可预见的未来,一直都是最优的货币制度。

货币增量的分配——兼谈贫富差距

(一)

新增出来的货币应该如何分配?

让我们先来做一个思想试验:假如在某一个时刻,每个人账户上的钱同时瞬间增长 1 倍,那会发生什么事情?

很简单，因为所有人的钱都同比例增长1倍，而且社会上商品和服务的数量没有瞬间新增，那么在人们原有消费习惯的条件下，每个商品和服务的单位价格会同比例增长1倍，也就是说，虽然每个人的钱都增长了，但每个人向这个社会索取财富的能力保持不变。

这种货币增量的分配称为同比例均匀分配。如果一直保持这种货币增量的分配方式，那么全社会原有的贫富差距框架（或者说财富分配比例）将一直保持不变，不会出现贫富差距拉大或缩小的情况。在上述的思想试验中，如果加入一个条件：在钱增长的同时，社会上商品和服务的数量也在增长，会出现什么结果？结局还是一样，因为钱同比例均匀分配，则每个人向这个社会索取财富的能力保持不变。

但是，在现实中不存在这种分配方式，因为无法设计出这样一种能随时保持将新增货币同比例均匀分配给每个人的货币发行机制。退一步讲，即便设计出来，也是不合理的，因为每个人都存在能力禀赋、勤劳程度、机会选择等各种差异，如果一种货币发行机制能随时保持将新增货币同比例均匀分配给每个人，就等于抹杀了人与人之间的差异，这是一种奖懒惩勤、不鼓励人们创新的制度，因此它是不合理的。

（二）

再来看第二个思想试验：假如在某一个时刻，有一部分人账户上的钱瞬间增长了1倍（把这部分人称为甲类人），其他人保持不变（把这部分人称为乙类人），那会发生什么事情？由于社会上商品和服务的数量没有瞬间新增，而甲类人和乙类人的钱不是同比例增长，因此，这就意味着甲、乙两类人向这个社会索取财富的能力变化了！由于甲类人钱多了，他们索取财富的能力变强，乙类人则变弱。

这种货币增量的分配称为不均匀分配。那么接下来的问题就在于造成这种不均匀分配的原因是什么。如果是源于人与人之间的能力禀赋和勤劳程度差异（当然这里是指合法情况下的差异），那么这种分配制度就是合理的。相反，如果是源于制度本身的不合理设计，那么这种分配制度就要被摒弃（即便在钱增长的同时，社会上商品和服务的数量也在增长），当今的部分准备金制度就是这样一种制度。

第一个思想试验告诉我们，同比例均匀分配货币增量既不可能也不合理，那么，只有不均匀分配货币增量。第二个思想试验告诉我们，不均匀分配货币增量有合理与不合理之分，去掉不合理，那就剩下了不均匀但合理的货币增量分配制度，其中的"合理"指的是分配源于人与人之间的能力禀赋和勤劳程度差异。

（三）

解决了货币增量的分配方式，还剩下一个问题。在第二个思想试验中，我们获得的结果是"由于甲类人钱多了，他们索取财富的能力变强，乙类人则变弱"，问题就在这里。什么意思呢？这意味着乙类人原本可以向社会索取十份财富，但现在却只能索取六份财富，假如长期保持这种财富分配状态，那么，即便货币增量分配方式是合理的，对经济、社会而言也是不利的。因为乙类人不会总是甘于处于这种财富分配状态，他们会将手中的资金投放出去，胡乱寻求保值回报，扰乱经济，当下的各种投资骗局正是这种现象的写照。

因此，为避免以上情况的发生，我们需要解决的问题是：

在允许甲类人根据自身的禀赋和勤劳获得较多甚至全部货币增量时，如何保证乙类人向社会索取财富的能力至少保持不变，即乙类人原本获得的货币的购买力至少保持不变（用同样数量的这些货币原来可以向社会索取十份财富，现在依然可以至少索取十份财富，让乙类人也共享经济增长）。

当然，有人会说，在第二个思想试验中，我们假设了钱增长的同时，社会上商品和服务的数量没有瞬间新增，那么当钱增长时，社会上的财富同时增长，就会避免出现上述问题。

真的是这样吗？

不一定！因为这要看钱增长的速度和社会上财富增长速度之间的比较。

（四）

钱和财富增长之前，货币存量和财富存量达到一个稳态，出现一个价格。

当钱和财富同时增长后，此时的货币总额（货币存量+货币增量）与财富总额（财富存量+财富增量）会达到一个新稳态，出现一个新价格，那么，当新增货币与存量货币之比高于新增财富与存量财富之比时（钱的增长速度高于财富的增长速度，或者说此时的货币总额与财富总额非同比例增长），很明显这个新价格会比之前的价格要高，在形成新价格的同时旧价格不存在，即没有分配到增量货币而仅仅持有货币存量的乙类人（或只分配到少量增量货币）要面对变高了的新价格，这意味着他们向社会索取财富的能力减弱了。

当然，你可能会说甲类人也同样面对变高了的新价格，你需要知道的是，全部的（或大量的）增量货币到了甲类人手里，他们的货币收入增长率就会高于价格增长率，或者你也可以这样理解，全社会的财富增长了，但乙类人的财富索取能力减弱了，这势必意味着甲类人的财富索取能力增强了。

因此，"在允许甲类人根据自身的禀赋和勤劳获得较多甚至全部的货

第 7 章　重塑货币制度（下）

币增量时，如何保证乙类人向社会索取财富的能力至少保持不变"？解决方案就是让货币的增长速度不高于财富的增长速度。

于是，接下来又出现一个问题：如何保证货币的增长速度不高于财富的增长速度？见本章第 3 节内容。

一部全世界通用的《货币法案》

本节是全书的结论，让我们先回顾一下本书的内容。

第 1 章，先讨论了货币的定义，指出"货币是一种广泛流通的交易媒介"这一论断的严重漏洞，给出了"货币是一种被普遍接受的商品"的清晰定义；之后，廓清了"交易媒介、货币、货币凭证"这些易混淆的概念，并由此分析了纸币的本质。

第 2 章，先给出货币的两个公理，而后从法律、会计、经济多种角度，详细论证了部分准备金制度的错误，并指出错误的根源：存款合约杂合了保管合约与借贷合约，从而使得存款这笔钱拥有了双重所有权。

第 3 章，根据部分准备金制度的运作机理，重新解读了一些经济现象。

第 4 章，依据源代码阐释了比特币的单位概念，从技术层面剖析了整套比特币系统的运作原理，并指出比特币系统不适合作为货币系统。

第 5 章，用数学的方法推导出等额本息和等额本金的每月还款金额的计算公式，据此比较了两者的还款总额大小、不同经济环境下的货币现值大小；严格论证了年利率和月利率之间的转换公式，最终提出"世间没有单利只有复利"的全新金融观点。

第 6 章、第 7 章，通过对各种备选货币制度的探讨，用排除法筛选出适合未来的货币制度。

综合全书内容，提炼出以下结论：

（1）货币是一种被普遍接受的商品，货币的本质是商品。

（2）最适合作为货币的商品是黄金，数字货币不是商品。

（3）货币的所有权具有唯一性，不存在双重或多重所有权。

（4）货币的所有权和使用权不可分离。

（5）部分准备金制度的实行使得货币出现了双重所有权，故须实行百分百准备金制度。

（6）商业银行的资金保管与资金借贷须严格分离，不可混淆。

（7）长期利率与短期利率之间的关系只有复利关系。

根据以上结论，笔者撰写了一部《货币法案》。

《货币法案》目录

第一章　总则

第二章　货币和货币凭证

第三章　货币和货币凭证的流通

第四章　保管银行

第五章　借贷银行

第六章　货币结算节点和中央结算中心

第七章　审计货币凭证的发行

第八章　利率

第九章　附则

第一章　总则

第一条　货币的所有权具有唯一性，不存在双重或多重所有权。

第二条　货币的所有权和使用权不可分离。

第7章 重塑货币制度（下）

第二章 货币和货币凭证

第一条 货币的本质是商品，最适合作为货币的商品是黄金。

第二条 依据黄金发行的纸条（纸币）、账户数字是货币的兑换凭证，或称为货币凭证。

（一）发行方必须遵循"货币凭证数量与黄金数量严格保持一致"原则。

（二）纸条上的数字、账户内的数字代表着相应数值的黄金重量。

（三）拥有货币凭证代表的是拥有凭证背后的黄金。

（四）货币凭证同样符合本法案总则。

第三条 货币凭证的本质是信用，当货币凭证的持有人拿着货币凭证，向货币凭证的发行方要求兑换成黄金时，假如发行方无法实现兑换，则称发行方没有信用。

第四条 任何自然人或机构，都有成为货币凭证发行方的权利。

第三章 货币和货币凭证的流通

第一条 黄金如若以货币的职能进入流通领域，在接收人无法鉴定黄金纯度和重量的情况下，黄金持有人可以将黄金交付给货币凭证发行方，由发行方鉴定后给出相应货币凭证。

第二条 货币凭证一旦发行，可以立刻进入流通领域。

第三条 买卖过程中，以货币交付的，货币的所有权发生转让。

第四条 把货币交付给另一方保管，货币的所有权没有发生转让。

第五条 把货币借贷出去，货币的所有权发生转让。

第六条 第三条、第四条、第五条同样适用于货币凭证。

第四章　保管银行

第一条　保管银行的主营业务：存款。

第二条　保管银行的"存款"业务是指客户把货币交给银行保管，保管银行出具货币凭证；保管银行和客户之间必须签订电子版保管合同。

第三条　保管银行对"存款"业务可以向客户收取保管服务费。

第四条　保管银行不得经营贷款发放业务。

第五条　"存款"业务是保管银行的资产负债表外资产业务，不得列入表内。

第六条　保管银行不得保管货币凭证，货币凭证可以交给不是保管银行的自然人或机构进行保管。

第七条　不是保管银行的自然人或机构，其出具的保管凭证不是货币凭证。

第五章　借贷银行

第一条　借贷银行的主营业务：贷款。

第二条　借贷银行的"贷款"业务是指银行以货币或货币凭证的形式，贷款给有资金需求的自然人或机构。

第三条　借贷银行的贷款资金来源：客户借贷给银行的货币或货币凭证、银行自身的货币资本（货币形式或货币凭证形式）。

第四条　借贷银行可以将货币交给保管银行进行保管，保管银行出具货币凭证。

第五条　借贷银行不得经营货币保管业务。

第六章　货币结算节点和中央结算中心

第一条　每一家保管银行都是一个货币凭证发行方。

第7章　重塑货币制度（下）

第二条　每一个货币凭证发行方都是一个货币结算节点。

第三条　货币结算节点必须连入中央结算中心，或者说每一个货币结算节点都是中央结算中心的分支机构。

第四条　每一个货币结算节点的数据都与中央结算中心的数据保持实时一致。

第五条　保管银行和客户之间一旦签订电子版保管合同，必须实时更新至每一个货币结算节点。

第六条　客户的结算使得保管银行和客户之间签订的电子版保管合同发生变化，变化后的电子版保管合同必须实时更新至每一个货币结算节点。

第七章　审计货币凭证的发行

第一条　保管银行定期公布资产负债表明细和表外资产负债明细，审计部门可以随时要求保管银行公布资产负债表明细和表外资产负债明细。

第二条　同一时刻，电子版保管合同的货币保管余额、保管银行披露的黄金保管余额、保管银行披露的货币凭证发行数量，三者数据必须一致。

第八章　利率

第一条　利率水平由借贷关系双方自愿决定。

第二条　长周期利率与短周期利率之间的转换遵循复利关系，长周期时长为 T、利率为 I，短周期时长为 t、利率为 i，$T = Nt$，则 I 与 i 之间的关系式为

$$(1 + i)^N = 1 + I$$

第九章　附则

第一条　涉及货币的一切法律关系和会计记账规则，都不能违反本法

案总则。

第二条　会计记账规则必须体现出法律关系，比如，保管关系、借贷关系等。

尾声：货币制度的三种权力

任何一套货币制度体系都有三种权力：货币发行权、货币清算权、货币审计权。

（一）

在金本位制度下：

货币发行权是指依据黄金发行货币凭证的权力，遵循"货币凭证数量与黄金数量保持一致"的原则。

货币清算权是指执行清算或冻结账户的权力。

货币审计权是指审计货币发行机构的权力，具体审计该机构有没有遵循"货币凭证数量与黄金数量保持一致"这一原则。

如果三种权力掌握在同一机构手里（特别是当货币审计权不独立时），很明显，"货币凭证数量与黄金数量保持一致"这一原则势必会被打破，金本位制度沦为形式，结局就是走向衰亡。因此，货币制度需要"三权分立"，即由三个不同机构分别掌握这三种权力，互相制约。

（二）

在非金本位制度下：

货币发行权是指依据信用，发行纸币或账户货币的权力。

货币清算权是指执行清算或冻结账户的权力。

货币审计权是指在非金本位制度下,此种权力忽略不计,因为货币数量可以统计,但所谓的"信用"无法统计,因此无法审计;退而求其次,审计货币发行机构的资产,但这种审计是隔靴搔痒,因为审计的是机构资产,而不是机构发行出来的货币。

目前,世界各国货币制度的三种权力都集中于同一个机构——央行,即货币制度的三权互相不受制约。因此,我们看到,央行的资产负债表规模在不断膨胀,所有币种的基础货币、广义货币数量都在不断扩张。

(三)

货币制度从目前的集中式架构一下子变成"三权分立"架构,难度非常大,跳跃式变化通常也会引发不可控影响,因此,可以考虑一种过渡模式:由一个机构两个部门掌握货币发行权和货币清算权,由另一个独立机构掌握货币审计权,之后逐渐转变为货币制度"三权分立"架构。

附 录

附录一 经济学家的混乱思想

在货币的所有权和使用权问题上，很多经济学家的思想是混乱的，这里包括所有的主流经济学家、一小部分奥派经济学家。

他们有两种观点：

（1）甲出钱购买乙的商品，在交易过程中，钱的所有权从甲转移至乙，相应地，商品的所有权从乙转移至甲。

（2）货币的所有权和使用权可以分离。比如，A 把钱借给 B，A 依然拥有钱的所有权，B 只是获得钱的使用权。

单独看这两种观点似乎没什么逻辑毛病，但是，通过一个例子把这两种观点串联起来，矛盾立马出现了：

B 出钱购买 C 的商品，则这笔钱的所有权从 B 转移给 C；但 B 的钱是从 A 那里借来的，即 B 只是拥有钱的使用权，不拥有钱的所有权；那么，在购买过程中，钱的所有权是怎么从 B 转移至 C 的？

经济学家的思想就是这么混乱！

如果你还是不明白，那么请你想象这一场景：你向朋友借来一笔钱，然后你去超市购物，当你付钱的时候，收银员是否会认为这钱不属于你？她是否会问你这种问题："你这钱是借来的吗？如果是借来的，我们不收的，因为你只是拥有钱的使用权，用钱的使用权和商品的所有权作交换不等价，所以我们卖东西不接收顾客从别处借来的钱！"

绝对不会发生以上设想的情景！当你付钱购买商品时（无论这钱是你劳动所得，还是你借来的、捡来的），收钱的人都会认为你付出去的钱就是属于你的钱！

讲到这里，估计有些经济学家不死心，还会提出这样一种观点：对于借来的货币拥有使用权，对于劳动所得的货币拥有所有权和使用权。

真的是这样吗？只要举一个反例就可以推翻这种说法。

企业老板张某要给员工发工资，但是这个月企业情况不好，发不出工资，于是企业老板张某决定向朋友李某借钱，用借来的钱给员工发工资。那么，根据这些经济学家的理论，李某继续拥有这笔钱的所有权，张某拥有这笔钱的使用权，张某把钱发给员工小王，钱的使用权从张某转移至小王。工资属于劳动所得，但小王此时对这笔钱只是拥有使用权！这就与先前经济学家提出的"对劳动所得的货币拥有所有权"相悖！

从以上几则例子的推理过程不难看出，"货币的所有权和使用权可以分离"这个观点如果真的成立，则市场上的消费支付情况立马引起混乱，货币与商品的权属交换立刻变得无序。但我们的实际市场没有出现这种情况，因此，"货币的所有权和使用权可以分离"不成立。

前面提过"单独看这两种观点似乎没什么逻辑毛病，但是，通过一个例子把这两种观点串联起来，矛盾立马出现了"。为什么会出现这种情况？因为，这些经济学家没有从整个货币运作的链条上去看待货币的所有权和使用权转让流程，而是仅仅取出链条中的一环（比如只取出支付一环，或只取出借贷一环）去下结论，那当然是错误的。

货币的所有权和使用权不可分离，无论是发生支付还是发生借贷，所有权和使用权将一并转移出去。

接下来的疑点是，为什么会有那么多经济学家认为货币的所有权和使用权可以分离？

有两种可能：

（1）他们认为，"房子、车子、电脑等财货的所有权和使用权可以分离，而货币也是一种财货，所以，货币的所有权和使用权一样可以分离"。这种简单的逻辑推导真的很不负责任。

（2）他们为了给部分准备金制度辩护，因为只有在"货币的所有权和使用权可以分离"这一条件下，才能解释"为什么钱存入银行后，这钱既属于储户，又可以被银行用来发放贷款"这一问题，即他们认为，储户拥有存款的所有权，银行拥有存款的使用权。但是，在"货币的所有权和使用权不可分离"的条件下，则无法解释上述问题。

附注：

单独细究主流经济学家的上述第二种观点，其实也能发现矛盾。

先复述一下他们的观点：货币的所有权和使用权是可以分离的，A 把钱借给 B，A 依然拥有钱的所有权，B 只是获得钱的使用权。

注意，此处主流经济学家没有说明 A 的钱是从哪里来的。也就是说，无论 A 手中的钱是怎么来的，只要发生"A 把钱借出去"这个借贷事件，A 就继续拥有钱的所有权，A 只是把钱的使用权转让出去，而 B 作为借款人只是获得钱的使用权。

不知读者发现了没有，这里面隐藏着一个逻辑漏洞：若 A 的钱也是之前借来的（说明 A 仅仅获得这笔钱的使用权），那么，当 A 把钱借出去时（在实际生活中，经常发生资金的转借），仅仅拥有钱的使用权的 A 如何继续拥有钱的所有权？

也许主流经济学家此时会这么辩解：钱的原始获得者把钱借出去，他继续拥有钱的所有权，只是转让钱的使用权；而之后的转借者，的确不拥有钱的所有权，只是在不断地转让钱的使用权。

这等于是说市面上流通着两种货币，一种货币具有所有权和使用权，而另一种货币仅仅具有使用权。那么请问：作为卖出方的商家，愿意接收哪一种货币？在可以自由选择的情况下，大家愿意接收哪一种货币？这就回到了本书第 2 章第 1 节的内容。

对于货币权属转让过程的分析，之所以有如此多的矛盾，病根就在于紧紧抓住"货币的所有权和使用权可以分离"这个观点不放手。一旦认同"货币的所有权和使用权不可分离"，所有理论上的障碍全部一扫而空。

附录二　法学家的混乱思想之一

（一）

法学家一旦进入货币领域，思想就开始变得混乱，频频出现逻辑矛盾。

本文引用的法学观点全都来自 2005 年由法律出版社出版的《中国民法典学者建议稿及立法理由—物权编》（以下简称《物权编》）和 2005 年由法律出版社出版的《中国民法典学者建议稿及立法理由—债法总则编·合同编》（以下简称《合同编》）。之所以选择这两本书，是因为"立法理由"四个字，立法理由体现了法学家的思维过程，以及法条背后的逻辑过程。

法学家看待货币有一个原则——货币所有与占有同一原则。具体内容是：货币一旦交付即发生所有权的转移，取得货币之占有即取得货币的所有权，而丧失货币的占有即丧失货币的所有权。见《物权编》第 72 页。

正是因为这个原则，所以法学家认为，把钱存入银行，银行占有了这笔钱，因此钱的所有权属于银行。这个思想体现在《合同编》第 393 页——"存款合同是存款人交付货币并转移其所有权于金融机构"。

也就是说，你钱包里的钱原本是属于你的，可一旦你把钱存入银行，这钱就属于银行了。那么，这意味着什么呢？

大家需要知道的是，同样一笔钱是不可能同时属于双方的，即一笔钱要么属于你，要么属于我，要么属于他，不可能属于你的同时属于我。比如，你钱包里的钱属于你，这毫无疑问，当有另外一个人声称你钱包里的钱也属于他，你愿意吗？这个世界上没有人愿意！换言之，货币的所有权只有唯一性，不存在双重或多重所有权。《物权编》第89页中的"同一物上的所有权不可能被分割地属于多个人"就是这个意思。

既然货币的所有权具有唯一性，那么，按照法学家所说，存款合同是存款人交付货币并转移其所有权于金融机构。这就意味着钱存入银行后，这钱就不属于存款人了！这是一个令人震撼的推论（尤其是对于没有钻研过金融理论的人来说），如果读者觉得不可思议，那么请从头再看一遍，是不是这个逻辑？

笔者不知道那些法学家在书上写下这句话时，有没有考虑过这个推论。如果法学家向社会大众宣告"你们把钱存入银行后，钱就属于银行了，不再属于你们了"，不知道还有多少人会去银行存钱。

正在看此文的读者，笔者问你一个问题："当你把钱存入银行后，你会认为这钱已经不再属于你了吗？"

（二）

现在来谈第二个逻辑矛盾。

在实际生活中，我们把钱存入银行，银行储蓄卡（借记卡）的余额会增加，这清楚地表明银行卡内的钱在增加，你拿着这张卡，无论白天、黑夜、工作日、非工作日，都可以随时随地消费，小到买一块面包，大到买一套房子，也就是说，你可以按照你的意志任意地使用这笔钱，这雄辩地证明，银行卡里的钱属于你，即使钱存入银行，钱的所有权依然属于你。

《物权编》第91页写着："所有权的特点就在于，可以依照所有人的意志进行任意的使用。"这句话与我们实际银行卡消费体现出来的钱的所有权归属不矛盾，但与第（一）节提到的"钱存入银行后，钱的所有权属于银行"矛盾。

也就是说，用《物权编》和《合同编》里的语言推导出来的结论自相矛盾。

（三）

接着谈第三个逻辑矛盾。

《合同编》第 320 页写着："买卖合同是出卖人转移标的物的所有权于买受人，买受人支付价款的合同。"

这句话暗含着这样一个逻辑：支付价款的买受人拥有钱的所有权，钱的所有权和标的物的所有权等价交换。很难想象这种情况：甲买乙的东西，但甲花出去的钱属于丙。

在实际生活中，我们经常用银行卡消费买东西，而银行卡内的钱就是我们存入银行的钱，那么按照第（一）节中的内容，银行卡内的钱的所有权属于银行而不属于我们，因此，矛盾就出现了：当我们刷卡消费买东西时，我们是在用银行的钱（不属于我们的钱），为我们自己购买了商场里的各种商品！

一些学经济的人会说，刷卡消费这个行为，其实是我们在用对于银行的债权在市场上购买东西。在他们看来，银行卡内的余额（或者说银行存款账户上的余额）代表着持卡人对于银行的债权。

这种说法对吗？我们用放大镜看整个过程的细节，可以知道这种说法并不对。

甲持有 A 银行的卡，去乙处购买东西，乙开户在 B 银行，甲一刷卡，A 银行卡上的余额减少，而乙的 B 银行存款账户上余额增加。按照"用债权去市场上购买东西"这种说法，那么此时就是说，甲对 A 银行的债权减少，乙对 B 银行的债权增加，换言之，乙明明是把东西卖给甲，但最后却与自己的开户银行之间多了一项债权！是不是感觉有点不伦不类？

　　站在银行角度更是觉得不可思议：甲买进东西会导致 A 银行对甲担负的债务减少，而乙卖出东西会导致 B 银行对乙担负的债务增加！如果真的是这样，笔者相信 B 银行肯定会和乙说："你不要卖东西了，因为你只是在卖出东西，而且买你东西的人又与我无关，但是你这样与我无关的买卖行为却会让我的债务增加，我不愿意！"

　　即便用债权转让理论也无法说通此种行为，债权转让改变的是债权人，债务人不会变，但在这里，一次刷卡消费行为，却使得债务人也发生了改变，而且在这个债权转让的过程中，作为原先债务人的 A 银行只是做了一次支付动作就发生了债权人的更改，债权如此转让显得太过随意。

　　"刷卡消费其实是我们在用对于银行的债权去市场上购买东西"这种说法还会推导出其他很滑稽的结论：甲把钱借给乙，方式是甲通过银行转账把钱借给乙，于是，甲成为债权人，乙成为债务人，这种情况在实际生活中很常见，如果上面的说法成立，那就是说，甲把对于银行的债权借给乙，即把一份债权借给别人！而且把一份债权借给别人，是通过转账的方式！大家什么时候看到过这种情况：A 把钱借给 C，A 获得一份对于 C 的债权，然后 B 向 A 借钱，A 再把这份债权借给 B，而且是通过转账的方式？B 之所以向 A 借钱，正是因为，在 B 看来，A 银行卡内的余额是钱，不是债权，并且属于 A。你会向一个没有钱只有债权的人借钱吗？

（四）

　　最后谈第四个逻辑矛盾。

　　《合同编》第 586 页写着："保管合同并不发生保管物所有权或使用权的

转移。"注意，这里说的保管物在上下文中都没有作特定物和种类物的细分。

但是，在《合同编》第 596 页写着："保管物为种类物，保管人取得保管物的所有权（或处分权）。"货币就是最为典型的种类物。

也就是说，在同样一个章节，保管物所有权是否转移，已经在文字表述上出现了非常明显的自相矛盾。

那么，为什么会出现这个矛盾呢？是因为本文一开始提到的法学家坚持的货币原则——"货币所有与占有同一原则"。比如，A 把货币交给 B 保管，则 B 占有了这笔钱，因此根据"货币所有与占有同一原则"，法学家就认为 B 拥有了这笔钱的所有权。

也就是说，法学家其实原先是认可"保管合同并不发生保管物所有权或使用权的转移"这个观点的，但是，为了使"货币所有与占有同一原则"得到满足，硬是添加了一句："保管物为种类物，保管人取得保管物的所有权（或处分权）。"

现在的问题是，在保管关系中，货币的所有权到底有没有转移？

我们已经知道货币的所有权具有唯一性。既然在保管合约中，货币的所有权转移给了保管人，就意味着寄托人失去了货币的所有权。

笔者很想问问那些法学家：当你把一笔钱交给别人保管时，你会认为这笔钱已经不再属于你了吗？

正确的描述应该是什么？不论保管物是特定物还是种类物，保管物的所有权和使用权在保管合约中都没有发生转移。

针对作为典型种类物的货币，可以做以下表述：当 A 把 1 万元交给 B 保管后，B 为了应对 A 的随时提取，B 的货币库存中必须时刻留足 1 万元以应对 A 的随时提取。即在 B 的货币库存中，有 1 万元是 B 无权动用的，这就等效于 A 的 1 万元的所有权没有发生转移。

（五）

上面四个逻辑矛盾都已经列出，矛盾的根源在于法学家坚持"货币所有与占有同一原则"，也就是说，要消除理论上的矛盾，则必须放弃"货币所有与占有同一原则"。

附录三　法学家的混乱思想之二

（一）

很多法学家对于存款持有这种观点：货币存入银行形成存款，货币的所有权此时转移给银行，即银行拥有存款所有权，储户拥有债权，这份债权具体是指请求银行随时全额返还权。

需要指出的是，对于这里说的"存款"，法学家没有区分是活期存款还是定期存款。既然没有区分，也就是说，以上法学观点对于活期、定期均成立。

那么接下来的问题是，储户的这份债权产生的原因是什么呢？

法学家认为是储户把钱借给了银行，因为银行需要支付利息给储户。要知道，活期、定期都有利息，因此，无论是活期存款还是定期存款，都意味着储户把钱借给了银行。也就是说，储户这份债权产生的根源在于，储户和银行之间是借贷关系，储户是债权人，银行是债务人。

这里多提一句，其实笔者估计他们原本是想说储户和银行之间是保管关系，即储户是把钱交给银行保管，原因在于储户可以随时把钱全额取回，但是考虑到银行需要支付利息给储户，所以，如若把储户和银行之间的关系判定为保管关系实在说不过去，因此，只能说是借贷关系。

以上都是法学家的观点，现在问题来了：上述这些说法都是针对"把钱存入银行形成存款"这种情况，但是在实际生活中，还有更加普遍的一种情况，那就是甲的存款是乙通过银行转账过来形成的。那么在这种情况下，甲对这笔存款拥有的是所有权还是债权呢？

我们要知道的是，自己存钱形成的存款余额和别人转账过来形成的存款余额没有任何区别，因为两者都是活期存款，都有利息，都可以用于支付消费，都可以转账给别人，也都可以通过转账把账户中的存款借给别人。

既然两者没有任何区别，那么，依照法学家的观点，"别人转账过来形成的存款"与"把钱存入银行形成的存款"一样，存款所有权属于银行，储户拥有债权，储户和银行的关系同样是借贷关系。

有了这样一个结论，接下来戏剧性的推论出现了。

大家都知道，我们向银行借钱，则需要在这家银行开通一个账户，然后银行把贷款发放到这个账户上供借款人使用。注意，银行贷款一旦发放到借款人账户上，立刻就形成了借款人的活期存款，既然是存款，那么，根据法学家的观点，借款人对此存款拥有债权，银行拥有此存款的所有权，而活期存款是有利息的，这意味着借款人在开通的账户上刚拿到银行发放的贷款，紧接着又借给了银行，那么请问，借款人一开始为什么向银行借款？简言之，明明是向银行借款，但是银行一旦把钱借给借款人，借款人立刻又把钱再借给银行！

这就是根据"银行拥有存款所有权，储户拥有债权"的观点推导出来的奇葩结论！

（二）

在上述银行贷款过程中，真正的矛盾出现在存款所有权和债权的归属。为了清楚论述，我们举例说明。

最初，A 把钱包中的 1 万元现金存入银行，依照法学家的观点，就是 A 把 1 万元借给银行，于是，1 万元的所有权归属于银行，A 享有 1 万元的债权请求；之后，B 向银行借款 1 万元，并在银行开通账户，银行同意发放，即银行把拥有所有权的这 1 万元借给 B，于是 B 的账户由 0 变成 1 万元。注意，这 1 万元是活期存款。

关键点就在这里，B 的账户由 0 变成 1 万元的过程非常有意思，银行把拥有所有权的这 1 万元借给 B，那么，根据法学家的"货币占有与所有同一原则"观点，此时，B 拥有这 1 万元的所有权，银行享有对 B 的 1 万元债权；但是，由于 B 的账户上的 1 万元是活期存款，那么，根据法学家"银行拥有存款所有权，储户拥有债权"的观点，可以推导出与之前相反的结论，即银行拥有这 1 万元的所有权，B 享有对银行的 1 万元债权。

所以问题就来了，银行把拥有所有权的这 1 万元借给 B，B 的账户由 0 变成 1 万元，B 对这 1 万元到底是拥有所有权还是债权？

在货币领域，法学家和经济学家一样，总是喜欢从整个货币运作的链条中仅仅取出一环去分析货币的权属转让过程（比如只取出存款一环，或只取出借贷一环），那么得到的结论多数情况下是错误的。

（三）

"银行拥有存款所有权，储户拥有债权，请求银行随时全额返还权"这个观点还存在另外一个更大的问题。

我们按照法学家的逻辑进行推导。

银行获得存款所有权后，为了盈利，需要将这笔钱放贷出去，否则就没有利润，从而无法支付利息给储户；那么，当银行把这笔钱放贷出去后，储户提出请求返还，这时，要命的问题来了，钱都已经借出去了，银行哪里有钱返还给储户？也就是说，如果发生这种情况，银行无法做到随时把存款全额返还给储户，既然做不到，那为什么要向储户承诺"储户可以随时来银行全额取回存款"？

也许有些人会说，银行可以通过卖掉资产获得钱款返还给储户。

如果通过这种方法，那需要一个前提：对于银行卖出去的资产，市场上一定有人接盘，而且是非常快速地接盘，只有这样才能满足储户随时全额取回的要求。但是，市场充满了不确定性，凭什么保证一定会有人接盘？

尤其是当多家银行都要通过卖出资产收到钱款才能满足储户的随时取回要求时，一定不会有人接盘，因为大家都知道，整个银行体系出了系统性风险，此时就会出现大量储户集中挤兑存款，情况更加严重。

当然，有人还会强辩这种事情发生的概率很小，无须考虑。但问题是，当初储户把钱存入银行时，每一家银行都向所有储户承诺"储户可以随时来银行将存款全额取回"，既然承诺了，那么，即便发生小概率事件，也要能做到当初的承诺，如果明明知道发生小概率事件做不到随时全额返还给储户存款，那为什么还要承诺呢？于是，银行只能祈祷不要发生大量储户提现事件，其实这就是侥幸心理。银行作为重要的商业金融机构，经营业务却依靠侥幸心理，这就为未来发生危机埋下了伏笔。危机，每个人都不喜欢，既不想发生危机，又要通过侥幸心理经营业务，怎么办？于是，央行诞生了，代价就是，将发生危机的风险通过通货膨胀这种渠道缓慢地转嫁给全社会。央行出现的实质，用金融的语言描述就是，将单家银行的部分准备金制度扩展到每一家银行。

附录四　存款合约不是信托合约

存款合约到底是一份什么样的合约？法学界一直在讨论这个问题。读者可以登录中国知网，通过关键字"存款、货币、银行"搜索到大量文献资料。

阅读这些文献资料，可以发现两个特点。

第一个特点：但凡分析货币，这些法学研究者都持有"占有即所有"的货币原则，也就是说，只要货币在某人手里，此人就拥有货币所有权。对这个货币原则，已经有一些法学家提出了质疑，如在2018年《法学研究》第2期中，作者运用大量司法实践驳斥"占有即所有"这一货币原则，但可惜，作者没有提出货币原则应该是什么。其实，只要通过保管合约就可以一下子驳倒"占有即所有"这一货币原则：A把1万元交给B保管，于是货币在B手中，但B无权把这笔钱用于消费或用于放贷，或者说，B的货币库存中必须时刻留足1万元以应对A的提取，即在B的货币库存中，有1万元是B无权动用的（其实，根据"货币的所有权和使用权不可分离"这个货币公理，把"占有即所有"这句话稍微改动一下就正确了——"使用即所有。"因为，一旦货币处于被使用状态，则代表着货币的使用者拥有了货币的使用权，又因"货币的所有权和使用权是不可分离的"，因此，货币的使用者同时拥有了货币的所有权）。

第二个特点：但凡分析存款合约，这些法学研究者都有一个共同的思维模式，认为存款合约不是甲类合约就是乙类合约！也就是说，他们对于存款合约的认定，拥有的是一种二分法思维方式，他们没有意识到存款合约是保管合约和借贷合约的杂合体。正是因为这种二分法思维方式，同时他们认为"存款合约既不是保管合约也不是借贷合约"，因此，为了对存款合约作出一个合约的性质判定，有一部分法学研究者认为存款合约是信托合约，即储户是委托人（又是受益人），银行是受托人。

这个观点对吗？显然错误。理由如下：

（1）在信托合约中，委托人需要向受托人支付信托费用；而在存款合约中，没有支付费用一说。

（2）信托财产独立于受托人固有财产，不会受到受托人破产的影响；而在存款合约中，如果银行破产，则存款属于破产清算之列（由此引出了存款保险制度）。

（3）信托财产独立于委托人财产（这是信托合约的一大特点，这样可以做到委托人的债权人不得就信托财产要求实现其债权）；而在存款合约中，存款一定是储户的财产，没有独立出来，并且储户的债权人可以就存款要求实现其债权。

（4）在信托合约中，虽然受益人享有对信托财产的收益权，但对信托财产不具有自由支配的权利；而在存款合约中，储户对存款享有随时随地支配的权利。

存款合约不具备信托合约中的众多特征，因此，存款合约不是信托合约。

附录五　为什么"银行不需要存款就可以凭贷款创造存款"是错的

主流金融理论界把当下的货币系统理解成一套纯信用的货币系统,对于这一点并没有什么太大的问题,但是,他们都有一个非常错误的认知:"银行不需要存款就可以凭贷款创造存款。"

笔者先表明一下自己的观点,笔者认同"银行发放贷款创造出新增的存款",但反对"在不需要存款的前提下,银行依然可以发放贷款"。

起因

凡事都有缘由。

为什么主流金融理论界人士会有"银行不需要存款就可以凭贷款创造存款"这样一种观点?

思来想去,笔者感觉只有一种可能性,是一种奇怪的现象触动了他们:

——你向银行贷款100万元,经审核后,银行同意发放贷款,于是你的账户上多了100万元。注意,这个时候,整个社会上其他所有人账户上的钱都没有减少,也就是说,与发放贷款前相比,整个社会上的钱的总额多了100万元,即贷款创造存款。

因为他们发现了这种现象,所以为了解释这种现象,提出了"银行不需要存款就可以凭贷款创造存款"。在他们看来,因为所有储户原先的存款都没有减少,而向银行申请贷款的客户的账户上多出100万元存款,所以,他们想当然地认为"银行不需要存款就可以发放贷款,而贷款又形成了新的存款"。

诚然,表面上这种观点可以解释上面那种奇怪的现象,但问题在于,这种观点仅仅只能解释这种现象,而不能解释其他现象,因为支撑这种观点的背后逻辑是错的!

反对理由之一

判断一种观点或一套理论的正确与否,重要的是要看其是否可以解释其他连带的现象,比如,对于"为什么银行会拼命揽存"这种重要现象,此观点解释不了:

——大家都知道,贷款是银行的重要收入来源,也就是说,银行喜欢发放贷款,为自己带来利息收入,并且贷款利率越高越好;相反,存款是银行的一大块成本支出,存款利率越高,银行的经营成本越大,也就是说,银行喜欢降低存款利率。

——如果,银行可以在不需要存款的前提下发放贷款,也就是说,银行可以在无须成本支出的情况为自己带来收入,那么,为什么银行要拼命揽存呢?而且,在现实中,我们还可以看到,银行都是拼了命地以尽可能提高存款利率的方式揽存!有些银行甚至还会附赠一些小礼品给储户。银行为什么这么拼命地增加自己的成本?难道银行喜欢折腾自己?

——所以,这里面只有一种解释,因为储户的存款是银行发放贷款的资金来源,而贷款是银行的重要收入来源。因此,银行为了尽可能多地发放贷款以带来收入,于是拼命地揽存,并且以不惜提高成本的方式揽存。

——对于季度存款指标考核的现象,用他们的观点也无法解释:如果银行可以在不需要存款的前提下发放贷款，那么，银行完全可以在季度末到期时，通过发放贷款形成新增存款，从而轻松完成存款增长指标，银行何必去拼命揽存完成指标呢？明明有轻松完成指标的方法，为什么要使用艰难的方法？

——我们还可以看到，赞同"银行不需要存款就可以发放贷款"这种观点的大多是纯粹搞金融理论的人；与之相对应，大凡有商业银行实务经历的人（不管是一线柜员、信贷员，还是高管、行长和银行家）很少会赞同。

反对理由之二

假如"银行不需要存款就可以凭贷款创造存款"的命题成立，那么我们现在来作一个假设：一开始 A 银行的资产和负债都为 0，现在 A 银行发放一笔贷款 10 万元给客户，于是，A 银行资产侧的债权科目为 10 万元，负债侧的客户存款科目也为 10 万元，此时，客户既然得到了钱，并要求转账 10 万到 B 银行，那么，这时 A 银行可用于转账的 10 万元资金在哪里？

笔者顺便想问问那些认同"银行不需要存款就可以凭贷款创造存款"这种观点的人，在实际银行业务中，当一笔钱从 A 银行转账至 B 银行时，A 银行和 B 银行的资产负债表规模和表内科目是如何变化的？

笔者估计有些人会说：A 银行有准备金，A 银行会动用准备金为客户转账。

好了，那问题又来了，A 银行的准备金是从哪里来的？

这些人一定会说是向央行贷款得来的，比如，A 银行向央行贷款 10 万元（于是，央行资产侧增加 10 万元，负债侧增加 10 万元），此时，A 银行资产侧的准备金科目为 10 万元，负债侧的借款科目为 10 万元，再结合货币乘数的原理（A 银行以准备金为种子货币，通过信用扩张，放大货币总额，这里假设货币乘数为 4），于是，A 银行资产侧的准备金科目依然为

10万元、债权科目为40万元，负债侧的借款科目依然为10万元、客户存款科目为40万元。

那么，笔者要问的是，既然客户得到了钱，此时客户需要从A银行转账11万元到B银行，A银行除了那10元万准备金可用于转账，另外可用于转账的那1万元在哪里？

不难发现，一旦发生客户的转账行为，使用他们所说的那套银行模型立马会发生兑付崩盘效应。

反对理由之三

既然A银行的准备金来源于央行的贷款，而且从他们的描述中看，央行贷款给A银行10万元，央行是不需要存款的，那么也就可以推导出，至少在贷款这个领域，商业银行其实和央行一样，都可以做到"不需要存款就可以凭贷款创造存款"。既然如此，商业银行和央行两者的贷款功能就一样了，那么，设置央行有何意义？

既然A、B作为两家商业银行都可以不需要存款就能发放贷款，那么，A银行为了获得准备金完全可以向B银行申请贷款，何必向央行申请呢？按照他们的理论，我们熟知的"准备金"完全可以由商业银行创造出来！

或者我们可以这样问，如果"银行不需要存款就可以凭贷款创造存款"，那么最开始的那笔存款是从哪里来的？如果最开始的那笔存款也是商业银行贷款创造出来的，那么要央行干什么？

反对理由之四

如果"银行不需要存款就可以凭贷款创造存款"，那也就是说，所有的存款都来源于商业银行的贷款，既然所有的存款都来源于贷款，大家知道这意味着什么？

这意味着，贷款总额与存款总额相比，其比值大于等于100%！但是，大家都知道，无论哪家银行，贷款总额与存款总额相比，其比值总是远小于 100%，一般在 70% 左右。例如，贷款总额 70 亿元，存款总额 100 亿元，既然"银行不需要存款就可以凭贷款创造存款"，那么贷款总额是 70 亿元，就意味着最多创造出 70 亿元存款，怎么会有 100 亿元呢？或者这样问，既然有 100 亿元的存款，那就意味着至少有 100 亿元的贷款，可为什么贷款总额只有 70 亿元？

反对理由之五

所谓贷款就是把钱借贷出去，既然是把钱借贷出去，那么，放贷者首先要满足自己手中有钱的前提，假如没钱，怎么放贷？

还不理解？那举个例子：你的一位朋友 A 向你借钱，但你手中没有钱，你与 A 之间怎么发生借贷关系？当然，你可以先向另一位朋友 B 借钱，然后再把钱借给 A。还是回到那个问题，放贷者必须先要有钱才可以把钱借贷出去，没有钱怎么发生借贷关系？

既然放贷者必须先要有钱，才可以把钱借贷出去，那为什么"银行不需要存款就可以发放贷款"？当然，你可以说，这就是银行的特殊之处，其他人或机构不行，银行就可以！如果是这样，那请问：在你眼里，央行的贷款又是怎么回事？央行的贷款是不是需要存款？如果不需要，那在贷款领域，商业银行和央行又有什么区别？如果是需要的，那问题就严重了，央行发放贷款先需要存款，那这笔存款从哪里来？如果是来自商业银行，那就是说，央行贷款需要依靠商业银行！这意味着，央行和商业银行的职能倒换过来了！

顺便希望大家思考这样一个问题：央行发放贷款是不是需要事先手里就有钱？如果需要，那这钱是从哪里来的？如果不需要，那央行发行货币的机制到底是怎么样的？

反对理由之六

他们也知道"准备金"这个词，但他们是否知道"部分准备金制度"

这个概念？什么叫部分准备金制度？这个制度是如何运作的？

他们既然说商业银行的准备金来源于央行贷款，那么，既然是贷款，就有到期的时间，假如 A 银行向央行贷款 10 万元获得准备金，这笔贷款的利率是 3%，期限是一年；A 银行获得准备金后，依据货币乘数，放大货币总额，贷款 40 万元，假设利率是 6%，也是一年期；那么，一年之后，这些贷款都要到期，而此时，A 银行需要偿还给央行 10.3 万元（10 万元×1.03），向 A 银行借款的客户需要偿还 42.4 万元（40 万元×1.06），即需要偿还的债务总金额一共是 52.7 万元（10.3 万元+42.4 万元），但是这个时候，全部的货币只有 50 万元（10 万元+40 万元），债务总额大于货币总额！这就是债务货币的死结！对于这点他们为什么不考虑？他们为什么不考虑债务会到期的问题？他们为什么不考虑债务到期需要偿还本金加利息的问题？

也许他们会说债务到期可以考虑借新还旧。也就是说，要借新债还旧债！但是，就算是借出来的新债把旧债的本金加利息全部还清，那新债也会有到期时！新债到期时，也是需要偿还本金加利息！而由新债创造出来的货币总额依旧小于新债总额，到那时，该怎么办？

如果继续借新还旧，那么，将永远无法还清债务！并且很有可能会陷入庞氏骗局。

如果通过债转股解决问题，那么什么叫作债转股？所谓债转股，就是指原本作为债权人的银行变为企业的投资人，当这家企业破产需要债务清算时，原本债权人是有优先受偿权的，但现在变成了投资人，受偿顺序就要延后。也就是说，所谓债转股，就是指债权人原本拥有的请求赔偿的权利级别降低了，相应地，企业的偿还压力减轻了。银行的债权源于其发放出去的贷款，关键在于，银行是用储户的钱进行贷款，因此银行和企业之间的债转股本质上是储户原本拥有的请求赔偿的权利级别降低了，最后的结局正如会计专家马靖昊在《债转股本质上是在玩资产负债表的把戏》这篇文章的结尾中所说的:"最终化解这些烂账只能是央行多印钞票去稀释。"

总结

这么多疑问同时针对"银行不需要存款就可以凭贷款创造存款"这种观点,足以证明此观点的确存在问题!

对于存款贷款,笔者的观点很明确:银行在用储户的存款进行放贷,但是在货币双重所有权的作用下,银行的放贷并没有使得原先储户的存款减少,反而使得向银行申请贷款的客户的账面上出现新增存款,因此货币总额增加,即银行贷款创造存款。

这是什么意思呢?即储户存在银行里的这笔钱,既属于储户又属于银行(货币的双重所有权),因此,银行将这笔钱用于发放贷款时,储户并不会减计自己的存款金额。也就是说,银行发放贷款时,储户原来的存款并不会减少,而获得银行贷款的客户的账户上出现了新增存款,所以前后一比较,存款总额增加,货币总额增加。

附录六　奥地利经济学派的基础概念

1. 行动：有意识地达到某一目的之行为。

2. 效用：某商品带给行动人的满意度。

3. 边际效用：行动人已具备某种商品的一定库存（或者说，某种商品的一定库存对行动人而言是可得的），此时，增加一个单位的该种商品带给行动人的效用。

4. 价值：行动人基于边际效用，对该商品作出的偏好评价，因此，价值是主观的。

5. 交换：行动人甲拥有商品 A，行动人乙拥有商品 B，甲对 B 的主观价值大于对 A 的主观价值，乙对 A 的主观价值大于对 B 的主观价值，于是甲、乙之间发生了 A、B 商品的交易兑换。

6. 价格：某种商品与其他商品之间的交换比率。

7. 市场价格：某种商品在市场交换的条件下，在多数行动人对该种商品的主观价值的互相对比中形成的客观价格。

8. 货币：一种被普遍接受、用于交换的商品。

9. 时间偏好：对于同等数量的某种商品，行动人偏好于现在的效用而不是未来的效用。

10. 利息：对于某种商品，现在的数量是 M，未来的数量是 N，行动人对 M、N 两者的效用偏好相同，$N - M = m$ 就是利息；或者说，数量是 M 的现在商品效用可以与数量是 N 的未来商品效用交换。

11. 利率：m 与 M 的比值。

12. 市场利率：在一个现在商品与未来商品交换的市场中，多数行动人对现在和未来的效用偏好的互相对比形成的利率。

13. 消费：行动人把货币收入用于消耗商品的效用。

14. 生产：行动人创造商品的效用。

15. 投资（储蓄）：行动人把货币收入直接或间接用于生产。

16. 资本：用于生产环节的商品。

17. 资本结构（生产结构）：用于创造消费品效用的商品为一级资本；用于创造一级资本效用的商品为二级资本……以此类推，组成资本结构。结构如附图1所示（图片来源于网络）。

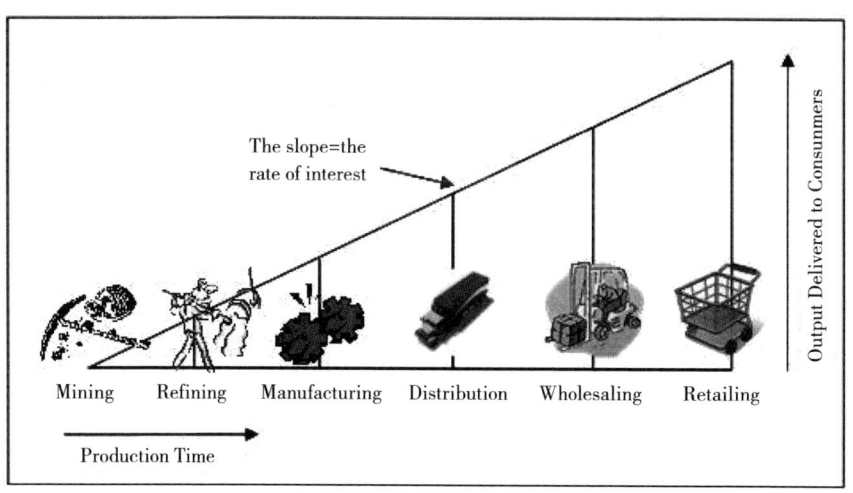

附图1　哈耶克的生产结构（哈耶克三角）

18. 企业家精神：以营利为目的，组织生产提供商品。

19. 生产要素：资本、劳动力、土地、企业家精神。

20. 各生产要素对应的投入回报：利息、工资、地租、利润。

21. （机会）成本：为了获得最高的效用而被有意牺牲的第二高的效用。

22. （会计）成本：用于生产要素的货币投入。

23. 经济危机：

（1）货币的发行受到干预，影响了市场利率；

（2）使得企业家得到错误的市场信号，以为投资消费比已经发生了改变，于是组织了错误的生产，从而错误地调整了生产结构；

（3）与此同时，消费者的时间偏好并没有改变，即真实的投资消费比没有改变，因此，消费者所需要的生产结构不能改变；

（4）于是，矛盾就来了，生产端的生产结构已经改变，但消费端却要求生产结构不能改变；

（5）生产消费两端不平衡；

（6）随着时间的推移，这种不平衡将导致企业最终出现资金链断裂、债务无法偿还、职工失业、生产要素价格大跌、股市大跌，经济危机爆发。

24. 经济周期：货币的发行被干预，导致扩张—收缩—扩张—收缩，对应的经济情况为虚假的经济繁荣—真实的经济萧条—虚假的经济繁荣—真实的经济萧条。附图 2 展示的是经济周期过程（图片来源于 Garrison 的 *Time and Money*）。

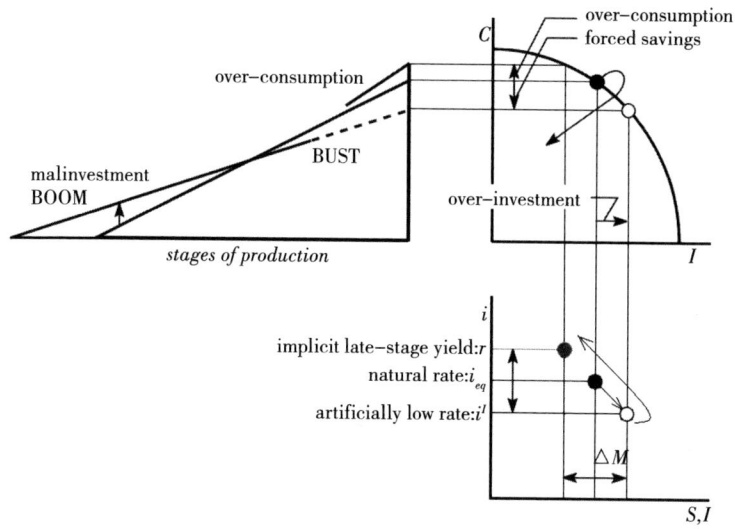

附图2　经济周期过程

25. 一开始的"人有意识地达到某一目的之行为",还需要加一个前提:这个行为不能侵犯他人的权利,这是行动人的自由边界。

(1) 如果可以侵犯他人的权利,那么,理论最终会变成谁的拳头最有力量谁最有发言权。

(2) 权利是法学的基础与核心,那么,人的权利从哪里来?如果权利来源于自然法,那么,自然法又来源于哪里?

(3) 权利来源于人们对不义行为的反思,而人们对不义行为的感知是立即的、直觉的、先验的(此观点来自美国法学家德肖维茨的著作《你的权利从哪里来》)。

(4) "如果你不想让某件事发生在你身上,那么,请你也不要对其他人去干这个事!"

附录七 货币问答

Q1：有一种观点认为，基础货币扩张了才是通货膨胀，派生货币扩张不属于通货膨胀，因为派生货币无法同时全部提取出来，即便是扩张也是假扩张，所以派生货币扩张不会导致货币购买力下降。是不是这样？

A1：不是这样。这种观点的错误之处在于——

（1）没有认识到无论是基础货币还是派生货币，在购买社会上的商品和服务这一层面上，两者是平权的。因为两种货币购买平权，所以在涉及货币购买力变化的计算时（比如，通货膨胀引起物价上涨），货币总额不仅包括基础货币，还包括派生货币，因此，即便基础货币不扩张，只要银行通过贷款扩张了派生货币，则货币总额立即实现了扩张。正是因为基础货币和派生货币购买平权，所以，每当新增一笔派生货币，其所具备的购买力只能来自原先的基础货币，与此同时基础货币的购买力出现下降，这种下降的程度甚至还可以计算出来。假设原先有1亿元基础货币，第一笔0.9亿元派生货币生成时，原先每单位基础货币的购买力下降为1÷（1+0.9）=0.526，第二笔0.81亿元派生货币生成时，原先每单位基础货币的购买力下降为1÷（1+0.9+0.81）=0.369，以此类推，即每新增一笔派生货币，原先每单位基础货币的购买力就会被稀释，被稀释的购买力转移到了新增出来的派生货币上。

（2）也没有认识到派生货币其实来源于基础货币所有权的扩张（部分准备金制度下，基础货币通过银行贷款向外周转一次，基础货币所有权就扩张一次，我们也可以说派生货币是影子基础货币），也就是说，在实现货币功能层面上（比如购买支付、借贷），派生货币与基础货币没有什么不同之处，因此，派生货币扩张同样属于通货膨胀。

基于以上这两点，我们还可以得到一个推论：即便基础货币不变，只要在单位时间内，基础货币通过银行贷款向外周转次数越多，则派生货币扩张速度越快（货币总额的膨胀幅度越大）。

关于基础货币的周转次数，这里还要详细说一下。

上面提到的基础货币周转次数是指，部分准备金制度下，银行运用基础货币向外贷款的次数（其实就是我们通常所说的货币乘数），不是指一般意义上我们运用基础货币对外购买支付的次数。

但是在货币方程式 $MV=QP$ 中，当 M 指代基础货币时，基础货币的流通速度 V 包含了银行运用基础货币贷款的次数和我们运用基础货币购买支付的次数，但不包含没有银行参与的货币借贷次数。那么，为什么不包含没有银行参与的货币借贷次数呢？因为非银行借贷发生时，既没有出现货币总额扩张（这是包含基础货币贷款次数的原因），也没有使得等式右边的 P 产生（这是包含基础货币购买支付次数的原因），或者说没有出现社会存量财富所有权的转移。

货币方程式 $MV=QP$ 中，当 M 指代广义货币时，根据以上论证，此时广义货币的流通速度 V 正是运用基础货币购买支付的次数。

读者要想详细了解基础货币所有权的扩张和货币的流通速度，可参看《货币原本》一书第三章的相关内容。

Q2：货币总量不变的情况下，假如货币的流通速度瞬间提高，对物价会有什么样的影响？

A2：由于前提是"货币总量不变"，因此，根据上一个问题的解答可知，此处的"货币的流通速度"指的是在单位时间内运用基础货币购买支付的次数。

让我们先来想一个极端的案例：某一个时刻，当民众对法币完全丧失信心时，不难想象他们接下来的行为逻辑，他们会在最短的时间内以最快的速度将自己手中的货币支付出去，购买任何可以买到的物资，导致超市内物资一扫而空，商品奇缺，于是诱发物价高涨，甚至引发恶性通货膨胀。而投机倒把者奇货可居，做交易时甚至要求买方不能用购买力不断急速下跌的法定货币做买卖交换。

在这个案例中，明显感觉到货币流通速度上升会引发物价上涨，发生了我们通常所认为的通货膨胀。

当然这是个极端的案例，有没有一般情况下的讨论？

根据费雪的货币方程式：

由

$$MV = QP$$

得

$$\ln MV = \ln QP$$

得

$$\ln M + \ln V = \ln Q + \ln P$$

把 M、V、Q、P 看成时间 t 的函数，由于 t 取值连续，所以上式两边可以对时间 t 求导，得

$$\frac{\mathrm{d}M}{\mathrm{d}t}}{M} + \frac{\frac{\mathrm{d}V}{\mathrm{d}t}}{V} = \frac{\frac{\mathrm{d}Q}{\mathrm{d}t}}{Q} + \frac{\frac{\mathrm{d}P}{\mathrm{d}t}}{P}$$

两边乘以 dt，得

$$\frac{\mathrm{d}M}{M} + \frac{\mathrm{d}V}{V} = \frac{\mathrm{d}Q}{Q} + \frac{\mathrm{d}P}{P}$$

式中，dM、dV、dQ、dP 都是变化量，上式两边四项分别代表货币供应增长率、货币流速上升率、商品增长率、物价上涨率（即通常认为的通货膨胀率）。

记作

$$m + v = q + p$$

于是

$$p = m - q + v$$

即

物价上涨率=货币供应增长率-商品增长率+货币流速上升率

由于此处求导是对时间微分，故货币流通速度的瞬间提高对物价有上涨影响。论证结果与一开始提出的极端案例相符。

从"物价上涨率"这个等式，还可以作出一个推论：假如"商品增长率"很高，会使物价下跌。比如，21 世纪初的这 10 年，PC 个人电脑和移动电话产品出售的年增长率一直维持在 30% 的高位，而货币供应增长率（以人民币为例）维持在 15% 左右，这就解释了为什么其他商品价格都在上涨，唯独电子数码产品的价格却总在下跌。

如果 M、V、Q、P 不是对时间求微分，而是取时段平均，比如一年，则通常情况下，全社会总体货币流速变化率为 0，此时就会得到一般情况下的通货膨胀率计算式：

通货膨胀率=货币超发率=货币供应增长率-实际经济增长率

这里还要指出一点，在经济学理论中引入微积分需要慎重，求导时，务必要检查函数与自变量是否满足求导条件。

在主流经济学教材中，关于总效用和边际效用之间的关系就是误用了微积分。效用理论认为边际效用 MU 等于总效用 TU 对消费商品数量 x 的求导。

用公式表示为

$$MU = \lim_{\Delta x \to 0} \frac{\Delta TU}{\Delta x} = \lim_{\Delta x \to 0} \frac{\Delta f(x)}{\Delta x} = f'(x)$$

以上式子明显不满足求导条件,错误之处在于把不连续的效用函数对不连续的商品数量求导。这是什么意思呢?

举一个例子:当 x 表示苹果手机数量时,x 的取值只能为离散的自然数,比如 $x=1.01$ 部手机时有意义吗?即 x 在1、2、3等自然数取值处的邻域内没有定义!

此外,x 的取值为离散值,那么 TU 的取值必然是离散值,用一个离散函数对一个既没有邻域定义又只能离散取值自变量求导,这就是在误用微积分。

Q3:第二个问答中,虽然得到了货币超发率的计算式,那么到底超发了多少数量的货币?

A3:这个问题在当今信用货币制度框架内无法算出正确答案。因为在这个框架内,货币是用纸币或电子账户余额定义的,同时货币的单位又是模棱两可的"元",不是金属的重量,因此无法知道多少货币量是合适的。要算出超发的货币数量,需要基于金本位。

截至2021年年底,全世界累计挖出20万吨黄金,金价徘徊在1800美元每盎司附近,以这个价格实行金本位,则全世界需要11.6万亿美元。

现实情况是,全世界基础货币总量为60万亿美元,广义货币总量为500万亿美元。

如实行基础货币金本位,则货币超发了48.4万亿美元,金价需要涨到10344美元每盎司才可取得平衡;如实行百分百金本位(广义货币金本位),则货币超发了 488.4 万亿美元,金价需要涨到 86206 美元每盎司才能取得平衡。

这样的测算还假定了一个前提:在整个过程中,现有各种信用货币之间汇率很稳定。如真的实行金本位,现有汇率将变得极其波动,资金扑向黄金,金价会飙得更高。

Q4:由于货币一直在贬值,也就是说,购买同样的物品需要更多的货币,所以,为了购买到同样数量的物品,人们会追逐货币,即货币需求上升,于是货币购买力上升。是不是这样?

A4:不是这样。错误在于:

(1)问题的逻辑框架就不对:一开始说货币在贬值,最后的结论是货币购买力上升,也就是说,先贬值再升值,那么,这意味着货币的购买力一直保持稳定,但现实的经济情况告诉我们,货币一直在贬值。

(2)没有认识到如果要追逐这种不断贬值的货币,还需要一个前提,那就是整个市场上只有这一种货币,也就是说,这不是一个自由的市场,对于货币的种类人们没得选择,假如存在另外一种购买力稳定的货币,那么人们的反应非常简单,会迅速把不断贬值的货币换成购买力稳定的货币。

(3)没有认识到追逐货币之后会发生的事情,人们即便追逐到了这种不断贬值的货币,接下来会发生什么呢?很简单,由于购买力在不断下降,因此,追逐到了之后,会迅速花出去购买保值的实体资产(包括房产、古董字画等),货币都涌入了保值资产,推高了资产价格,因此随之而来的是货币购买力相对较快地下降。

(4)先看一下这种说法的反面——"由于货币一直在升值,也就是说,购买同样的物品需要更少的货币,所以人们会放弃追逐货币,即货需求下降，于是货币购买力下降"。这种情况成立吗？主流经济学家会说不成立，因为货币一直在升值，只要窖藏货币就能获得更多财富，所以人们会更加追逐不断升值的货币以求保值，货币需求更加上升，货币购买力更加上升。现在结合正反面来看，无论货币贬值还是升值，人们都会追逐这种货币，使得货币需求上升，货币购买力上升。——这就奇怪了，既然无论货币贬值还是升值，人们的反应结果最终都会使货币购买力升值，那原先的贬值是怎么产生的呢？

Q5：很多人认为货币起源于债务，所以货币的本质是信用，对此怎么看？

A5：那些认为"货币起源于债务"的人，总是喜欢举这样一个例子：在物物交换的古代，A 与 B 两个人，A 没有实物，但又想和 B 达成交易，于是 A 给 B 写个欠条（或者一个承诺）；之后，B 又想和 C 达成交易，于是把这张欠条给了 C，C 得到欠条去找 A 索取相应物品。也就是说，为了交易，信用产生了，这个欠条就是货币。

这里不谈论 B 和 C 愿不愿意接受这种欠条，也不讨论 A 给出欠条后会不会跑路，先指出一点，这种想法犯了一个混淆概念的错误：把债权债务的起源理解为货币的起源。

美国学者威廉·戈兹曼在其著作《价值起源》中，记录了全球最早的一份欠条，该欠条上面记载着：公元前 24 世纪，Puzur‐Eshtar 欠 Ur‐garima 40 克银和 900 升大麦。

注意这个欠条的时间是公元前 24 世纪，即农耕文明时代。想一想，为什么会出现 A 欠 B 一定数量的白银这种情况？A 需要白银做什么？好玩？装饰？都不是，只有一个解释，A 要用这些白银去交换生存所需要的物资。

因此，这张最早的欠条记录足以证明白银作为交易媒介的出现时间早于欠条的出现时间，即货币不是起源于债权债务。

Q6：股票能不能作为货币？

A6：不能。因为股票代表的是公司所有权，假如股票可以作为货币，那么，当公司破产倒闭时，这种货币立马成为废纸。

把黄金直接作为货币，那么货币就是黄金物权本身。

以黄金作为抵押品，发行黄金兑换券，这个兑换券就是物权凭证。

以国债作为抵押品，发行纸币或银行账户余额（比如美元），这个纸币就是债权凭证。

把股票直接作为货币，则货币就是股权凭证，若公司破产倒闭，股权灭失，货币将沦为废纸；再有，股权是一束权利，分为两大类：自益权和共益权，具体涉及的各项权利非常复杂，比如，股东会议表决权、会计账簿查阅权、公司解散请求权等。因此，股权凭证绝不适合作为广泛流通媒介的货币，只能在投资市场转让。

Q7：有一种观点认为，可以把黄金看成一种二十年期无息通货膨胀保值国债，对此怎么看？

A7：不正确。"二十年期无息通货膨胀保值国债"这个偏正短语的定语成分很长，所以很迷惑人，其实只注意最关键的名词——"国债"就行了，意思就是说，把黄金看成国债。怎么可以把黄金看作债券？债券属于债权，黄金属于物权，完全是两回事。

估计持有这种观点的人，其原本的意思是想把黄金市场比作债券市场。事实上，黄金市场接近于外汇市场，因为黄金属于货币；黄金市场也接近于大宗商品市场，因为黄金也属于商品。

Q8：谈起黄金价格，总会说起黄金的公允价值，2020年，金价曾超出2000美元每盎司，当时有财经人士认为金价的公允价值是1700美元，怎么看这个"公允价值"？

A8：公允价值（Fair Value）亦称公允市价、公允价格，属于会计理论，其目的是尽可能及时地在财务报告中反映该时点的企业资产的市场价值。所以不要看到"公允价值"，就想当然地认为是公平、公正的。

还有，既然用美元作为衡量金价的单位，那么美元纸币的公允价值是多少？以纸币的公允价值测算黄金的公允价值，这样才能算出黄金的公允价值。

Q9：很多人认为，黄金的制造成本是1000美元每盎司，所以金价1800美元是泡沫，对此怎么看？

A9：既然喜欢用"制造成本论"，那为什么不把这个理论应用到纸币中呢？要知道，一张100美元的纸币，制造成本是0.1美元，可偏偏要把这张纸当成100美元来使用！为什么呢？对这个问题，主流经济学家给出的解释是货币信用论。也就是说，谈及黄金，他们用"制造成本论"，谈及纸币，他们用"货币信用论"。其实说白了，他们的思维模式是这样的：选择对自己有利的说法，而不管这种说法是否正确。

Q10：在英文中，关于货币有money和currency两个单词，两者有什么区别？

A10：简单地说，money是make出来的，而currency是print出来的，既然是print出来，那么currency的实质就是一张paper。从来只有make money，没有make currency。

附 录

Q11：经常看到财经媒体报道股价暴跌、油价暴跌、金价暴跌、铜价暴跌，可是从来没听过肉价暴跌、米价暴跌、面条价格暴跌、水果价格暴跌、自来水价格暴跌、燃气费价格暴跌，这是为什么？

A11：很简单，一般而言，如有对应的期货市场，则该种物品的价格总会暴涨暴跌，反之则没有。金融市场的存在为投机分子打开了一扇便捷之门。

Q12：比特币拥趸们经常把比特币比作"数字黄金"，对此怎么看？

A12："数字黄金"这个说法很奇怪。会不会有"数字钻石"？写一个程序，模拟钻石的产生，同时限定钻石数量上限，那是不是大家都认可"数字钻石"从而弃用真实钻石了？全球各国央行都拥有大量黄金储备，而且还在持续买入，如果比特币是数字黄金，那为什么全球各国央行从来都不购买比特币？央行为什么不储备钻石而储备黄金？

Q13：财经媒体经常讨论美国的央行美联储，有一种观点认为美联储的成立是违宪的，对此怎么看？

A13：笔者的结论是美联储的成立并不违宪，但美联储发行没有用金银做准备的美元货币这个行为却是违宪了。

美国宪法第1条第8款第18项："为行使上述各项权力，以及行使宪法授予合众国政府或其任何部门或官员的一切其他权力，国会有权制定所有必要和适当的法律。"其中"上述各项权力"包含了第1条第8款第5项前半句所指的权力——"铸造货币，确定本国货币和外国货币的价值"，由此可见，美联储的成立并不违宪。

但是，根据美国宪法第1条第8款第5项后半句——"制定（货币的）度量衡的标准"，以及第1条第10款第1项——"各州不得使用金银币以外的任何物品作为债务的清偿物",那么,美联储发行没有用金银做准备的美元货币的这个行为却违宪了。因为我们可以看到,美联储发行的每一张美元纸币上都写着这样一句话:"This note is legal tender for all debts, public and private."(在有些美元纸币上,this note 会写成 this certificate) 意为"这张纸券是所有公共及私人债务的合法清偿物",也就是说,没有金银作抵押担保的美元成为所有债务的法定清偿物,这明显违宪了。

注意,以上是在美国宪法的框架内讨论是否可以成立央行,而不是在经济学理论框架内讨论是否需要成立央行。

美国宪法第 1 条第 8 款第 18 项原文: The Congress shall have the power to make all laws which shall be necessary and proper for carrying into execution the foregoing powers, and all other powers vested by this constitution in the government of the United States, or in any department or officer thereof.

第 1 条第 8 款第 5 项原文: The Congress shall have the power to coin money, regulate the value thereof, and of foreign coin, and fix the standard of weights and measures.

第 1 条第 10 款第 1 项原文: No state shall make any thing but gold and silver coin a tender in payment of debts.

Q14:很多财经人士都在谈论的货币中性和不中性,是怎么回事?

A14:所谓货币中性,简单地说,是指货币供应量的增长将导致价格水平的同比例增长,但是对于实际的经济产出水平没有影响。反之,若对实际的经济产出水平有影响,则称为货币不中性。

那么,货币到底是中性的还是不中性的?在这个问题上,只有奥派认为货币是不中性的,其他经济学派均认为货币是中性的。

其实，在笔者看来，"货币是中性的还是不中性的"这个问题本身就问错了方向。在货币是否中性的定义中，既然提到了"货币供应量的增长"，那么就意味着不应该谈论货币是否中性，而是应该讨论整个货币制度是否中性，因为货币供应量的增长与货币制度紧密相关（比如，货币是如何增长的、货币供应量的增长率是多少），即是一整套制度在运作着货币，而不是在脱离制度的条件下，货币自身独立运作。

再有，在货币金融理论层面，对"中性"与"不中性"两个词所表达的含义不易理解，可以换一种较为明朗的说法：货币制度的优劣。注意，此处的"优劣"与"是否中性"不存在对应关系。

一套货币制度包含两个方面：

（1）用什么作为货币；

（2）银行是实行部分准备金制度还是实行百分百准备金制度。

历史上成为货币的选择有黄金、白银、贝壳、食盐、无抵押担保发行的纸币（纯信用）；历史上银行实行过的准备金制度有部分准备金制度、百分百准备金制度。

对两大类的选择项，通过排列组合，可以涌现众多货币制度。在这些组合中，货币的最佳选择是黄金，准备金制度的正确选择是百分百准备金制度；货币的最次选择是纯信用，准备金制度的错误选择是部分准备金制度。

于是得到一种最优货币制度、一种最劣货币制度：

（1）黄金作为货币，银行实行百分百准备金制度（最优货币制度）。

（2）信用作为货币，银行实行部分准备金制度（最劣货币制度）。

以上两种货币制度就像钟摆的两极，人类历史上所有出现过的货币制度就在这两极之间不断来回摆动。

劣质货币制度下，由于实际经济状况不能适应货币的供应量（比如，部分准备金制度下，货币供应的扩张速度远远高于实际经济的增长速度），利率就会受到干扰，由此企业家改变了对未来市场的预期，于是在生产端，将资源错误地配置到不该配置的领域，改变了生产结构；但在消费端，人们的真实时间偏好并没有随着利率做同方向的改变，即消费偏好不变、资源不应配置到其他领域，也就是说，此时的生产结构不能做改变。于是，矛盾就来了：生产端的生产结构已经改变，但消费端却要求生产端的生产结构不能改变，那么，随着时间的推移，经济危机必然会到来。而这一切，全部源于一个劣质的货币制度。

上述观点正是最简版的奥派经济周期理论，这个理论的详细论述见罗斯巴德的著作《美国大萧条》、赫苏斯·韦尔塔·德索托的著作《货币、银行信贷与经济周期》。

谈及生产结构，这里顺便纠正一个当前主流经济学界流行的错误说法——"生产过剩"。

其实没有"生产过剩"，只有"生产错误"。为什么这么说？

原因在于人的欲望是无限的，即再多再好的商品和服务也无法满足所有人的欲望，也就是说，商品和服务永远是稀缺的；如果生产真的过剩，则意味着商品和服务不再稀缺，那么所有商品和服务的价格都会降为零。即便 A 商品生产过剩，也仅仅意味着用来交换 A 商品的其他商品（比如 B、C、D 商品）的生产过少；A 商品生产过剩，而 B、C、D 商品生产过少，这恰恰说明是生产错误，不是生产过剩，因为资源错配了！

那么，为什么会发生资源错配？有两种情况：

（1）如果是一部分公司发生资源错配，导致生产错误，那么这是企业家决策失误所致。

（2）如果是大部分公司发生资源错配，导致生产错误，那一定是市场受到了干预，发出了错误的商业信号，干扰了企业家的决策。比如，央行人为压低利率，使得大部分企业家把原本应该投入短期项目的资源错配到长期项目，最终导致生产错误，即改变了不应改变的生产结构。

Q15：本书第 2 章曾提到"部分准备金制度是当今全世界所有银行都在实行的制度"，对于这样一种普遍实行的制度，经济学家的态度是怎么样的？

A15：部分准备金制度在历史上的每一个时期都有国家或地区实行过，最早可以追溯到古希腊，但像当今全世界所有银行普遍实行部分准备金制度的情况，则是前所未有的。

至于经济学家对于部分准备金制度的态度，有史以来一直都是分成反对和赞同两派。

持反对态度的有：

（1）萨伊，证据：《政治经济学概论》第 1 篇第 22 章第 2 节；

（2）李嘉图，证据：《政治经济学与赋税原理》第 27 章；

（3）米塞斯，证据：《人的行动》第 17 章第 12 节；

（4）哈耶克，证据：《货币的非国家化》第 16 章；

（5）罗斯巴德，证据：《银行的秘密》第 7 章；

（6）德索托，证据：《货币、银行信贷与经济周期》第 4 章；

（7）许尔斯曼，证据：《货币生产的伦理》导论；

（8）弗里德曼，证据：《货币稳定方案》第 3 章；

（9）霍普，证据：《私有财产的经济学与伦理学》第 6 章；

（10）大部分奥派的经济学者。

持赞成态度的有：

（1）坎蒂隆，证据：《商业性质概论》第 3 部分第 6 章；

（2）亚当·斯密，证据：《国富论》第 2 卷第 2 章；

（3）约翰·穆勒，证据：《政治经济学原理》第 3 编第 12 章第 2 节；

（4）熊彼特，证据：《经济分析史》第 4 编第 8 章第 7 节；

（5）费雪，证据：《利息理论》第 19 章第 12 节；

（6）凯恩斯，证据：《货币论》第 25 章；

（7）萨缪尔森，证据：《经济学》第 25 章；

（8）罗伯特·席勒，证据：《金融与好的社会》第 3 章第 2 节；

（9）蒙代尔，证据：《蒙代尔经济学文集》第 4 卷第 6 章第 4 节；

（10）所有国内国外的主流经济学家、主流金融学家。

Q16：为什么部分准备金制度会引发如此大的争议？

A16：部分准备金制度虽然是一个金融制度，但却是一个跨学科的话题，若要清楚分析这个制度，不但需要经济学知识，还需要法学、会计学知识。众多经济学家仅仅是从经济学层面看待部分准备金制度，这就是引发争议的来源。

剖析部分准备金制度的切入点其实是一个法学问题：银行是否有权动用储户存进来的钱？当储户把钱存入银行后，这笔钱的所有权到底属于谁？存款的"存"字到底意味着什么？

可以这么说，假如不是从这个切入点分析部分准备金制度，则结果要么是错，要么虽然是对，但过程冗长而复杂。

Q17：本书第 3 章谈及了部分准备金制度下派生货币的产生过程，那么基础货币的产生过程是怎样的？

A17：部分准备金制度下，基础货币由央行发行。央行发行的基础货币的抵押担保品有黄金、外汇、各种债券。

虽然每个单位的基础货币都是由央行发行的，但是互相之间的质量却并不相当。

比如，同样是 100 元基础货币，根据黄金抵押出来的基础货币与根据债券抵押出来的基础货币能一样吗？当然不一样！要知道，债券有违约的风险，黄金永无违约的风险。可对于两种风险不同的基础货币，在市场上流通时，我们却同等对待。

不同的违约风险是导致基础货币不同质量的原因之一。

还有，如果基础货币是依据黄金或者依据外汇抵押出来的，那么，这种基础货币代表的是对背后黄金或者外汇的所有权，即这种基础货币是对背后黄金或者外汇的所有权凭证。但是，如果基础货币是依据债券抵押出来的，那么，这种基础货币代表的是对背后债券发行人的债权，即这种基础货币是对背后债券发行人的债权凭证。而且，债券发行人的信用等级（债券违约风险等级）各不相同，但根据不同违约风险抵押出来的基础货币在市场上流通时，大家都同等对待。

不同的权属凭证是导致基础货币不同质量的原因之二。

Q18：有一种观点认为，部分准备金制度虽然不好，扩张了货币总量，但是只要实行自愿部分准备金制度，那就没有问题。即告诉储户部分准备金制度的不合理之处、提示储户部分准备金制度可能产生的风险。对此怎么看？

A18：这种观点完全不对。因为不论是自愿部分准备金制度，还是不自愿部分准备金制度，只要是部分准备，那就意味着用一部分储户的存款，准备应对全部储户的提现，这种制度本身就是没有逻辑的。另外，部分准备金制度下，存款模糊了保管和借贷，使得存款合约同时具备保管关系和借贷关系，这是违反法理的。一种违背逻辑、违反法理的制度，迟早会走向崩盘。

Q19：对于奥派"存款和利息之间是格格不入的"这一论断，如何理解？

A19：这个论断就是用来批评部分准备金制度的。

先来做这样一个思想试验：假设全社会所有的人把所有的钱都存入银行，而且银行从来不发放贷款，即贷款余额一直为0，这个时候存款余额为1亿元，存款利率是10%，一年后，理论上人们可以从银行取出1.1亿元。问题在于，一年前，所有的钱加起来只有1亿元，一年后却要变成1.1亿元，这多出来的1000万元从哪里来？这势必会迫使央行扩张货币总额。由此可见，银行的存款有利息这本身就是在触发货币系统超发货币。

钱仅仅存放在一个地方是不会生出利息的，如果有利息的产生，那一定意味着这钱已经借出去了。因此，存款和利息之间是格格不入的。存款有利息的本质就是银行在向储户借钱。

我们还可以用奥派的时间偏好理论来证明"存款和利息之间是格格不入的"。

存款，储户是为了随时得到全额返还，即储户不是用现在的财货与未来的财货做交换。

利息，既然存在利息，就意味着存在利率；有利率，就有时间偏好；有时间偏好，就意味着当事人想用现在的财货与未来的财货做交换。

所以，存款与利息同时存在，这既意味着储户没有把现在的财货与未来的财货做交换，又意味着储户把现在的财货与未来的财货做交换。

所以，两者推论结果矛盾，故利息与存款是格格不入的。

Q20：当我们把口袋里的100元纸币撕了，会对经济造成什么结果？

A20：对你来说，比起你没有把100元纸币撕了这种状况，你现在能兑换到的商品数量减少了。但是，全社会的商品总量并没有因为你把纸币撕了而减少，也就是说，相当于其他人现在能兑换到的商品数量增加了。

你撕 100 元纸币的这个行为，并没有减少财富总量，而是重新分配了财富。

现在反向思考撕 100 元纸币这个行为，如果你手上突然间多了 100 元纸币，这时候会发生什么情况？你现在能兑换到的商品数量增加了，但全社会的商品总量并没有因为你手中多了纸币而增加，即其他人现在能兑换到的商品数量减少了。

从这个案例中，我们可以领悟到，在社会商品总量不变的情况下，每增发 1 元货币，新货币持有者就瞬间获得了等同于当下货币面值的购买力，那么，这购买力是从哪里来的？这瞬间获得的购买力就是从原本存量货币持有者的手中转移过去的，因此这意味着存量货币持有者手中的货币购买力不及以前了，虽然面值没有变，但购买力下降了。所以在社会商品总量不变的情况下，每增发 1 元货币，存量货币购买力就会受损，这失去的购买力转移给了新增货币数量的持有者。

Q21：谈及货币时，米尔顿·弗里德曼是个绕不开的人物，对此有何看法？

A21：弗里德曼是 20 世纪货币领域的代表人物，属于芝加哥学派。虽然他反对部分准备金制度，赞同百分百准备金制度，但是有关货币的其他观点却是充斥了矛盾。

在马克·斯考森的著作《现代经济学的历程》第 15 章中，详细表述了弗里德曼的货币主张："弗里德曼反对金本位，确定黄金生产通常跟不上经济增长的速度，并因此会产生或多或少的通货紧缩。弗里德曼认为一个更好的方法是采用严格的法定货币本位，这个货币体系基于百分百准备但不可兑现的纸币，并采取法定规制，规定货币供给将以一个稳定速率增加，该速率大约等于国民经济增长率，弗里德曼建议货币增长速率为 3%～5%。"

弗里德曼的货币主张是自相矛盾的：首先他是反对通货紧缩的（这里是指货币增长率跟不上经济增长率引发的通货紧缩），之后，他认为货币供给速率应该稳定在3%~5%，又因为货币增长率需要等于经济增长率，也就是说，他认为，经济增长率稳定在3%~5%，那么，当经济增长率高于5%时怎么办（这种现象在各国经济发展历史上都普遍出现过）？这时，3%~5%的货币供应速率低于经济增长率，出现了通货紧缩，弗里德曼要反对了！这意味着，一旦经济出现加快增长，弗里德曼就需要反对自己的货币理论！

弗里德曼的货币主张之所以出现矛盾，原因有两个：一是他认为通货紧缩是坏事，事实上，如果通货紧缩是坏事，那么民众是不愿意看到商品降价的，反而要喜迎商品价格上涨，这与现实相悖；二是他潜意识地认为经济增长率应稳定在3%~5%，正是因为这种潜意识，再加上他认为货币增长率需要等于经济增长率，所以提出货币供给速率应该稳定在3%~5%，但他没有考虑当经济增长率低于3%时该怎么办，也没有考虑当经济增长率高于5%时该怎么办。

那么，如何让货币增长率等于经济增长率呢？

经济增长率每年都在变，如何让货币增长率等于每年都在不断变化的经济增长率呢？实行金本位。弗里德曼没有意识到每年不断变化的经济增长率会影响到每年的黄金产量，而每年变化的黄金产量正好可以跟踪每年都在变化的经济增长。

在金本位下，黄金增长率等于经济增长率，论证过程见本书第7章第3节。

Q22：多数派货币理论与少数派货币理论的最大区别在哪里？

A22：多数派货币理论的思维落脚点在于整体，因此，我们看到，主流货币理论一上来就是货币供应总额、央行准备金、货币调控政策等。

反之，少数派货币理论的思维落脚点在于个人，因此，本书一开始就是讨论个人货币财产的所有权和使用权，然后再讨论货币保管和货币借贷中的权属转让过程。

两种思维模式，落脚点完全不一样，导致理论的分析范式完全不一样，这是最大的区别。

Q23：少数派货币理论中的许多结论和奥派理论是相当契合的，少数派货币理论是否等同于奥派货币理论？

A23：整套奥派理论包括货币理论、资本理论、经济周期理论、市场组织与企业家才能理论。奥派经济学是最有逻辑的经济学，在笔者钻研货币理论的过程中，奥派经济学理论给了笔者很大启发，应该说，少数派货币理论源于奥派经济学，但同时两者又并不等同。

少数派货币理论的立论基石是两个货币公理，以此演绎出整套理论，而这两个公理在以往奥派经济学著作中从未出现过，这是两者不等同的原因之一。

再有，奥派经济学著作中，对于货币的论证方式与少数派货币理论完全不一样，这里举两个例子。

罗斯巴德在其著作《人、经济与国家》第 11 章第 6 节第 C 分段中展示了保管银行的资产负债表，从中可以看出，作为保管物的黄金记在了受托人的资产方，作为保管凭证的仓储收据记在了受托人的负债方。事实上，根据保管关系，受托人出具的保管凭证代表的是寄托人对保管物的所有权，即保管凭证是保管物的所有权凭证（也可称为物权凭证）；当寄托人拿着这张所有权凭证与卖家交换商品时，双方交易背后的权属交换是保管物所有权和商品所有权的交换。既然保管物的所有权没有发生转让，那么保管物则不可以记在受托人的资产方。如果罗斯巴德当年把保管物记在受托人的表外资产下，也许就不会有往后这么多关于部分准备金的争论了。

米塞斯在其著作《货币和信用理论》第 3 编第 1 章第 2 节的开头自然段中论述到的"银行活动的特点是借出他人的货币，即借入的货币""把他人的货币借出去的人是银行家""银行的业务活动是借出他人的货币"这三句话，其实说的是同一个意思：当人们把货币借给银行后，货币的所有权依然属于借出人而不属于银行。也就是说，在米塞斯看来，当借贷发生时，货币的所有权没有转让！（我们还可以反过来思考，如果米塞斯意识到货币所有权在借贷过程中发生了转让，怎么会在同一个自然段中三次提到"银行借入他人的货币，再把他人的货币借出去"这个观点？一个段落中多次出现"他人的货币"所有格形式，势必会引发歧义）接下来的问题是，既然货币的所有权没有发生转让，那银行在不经过你的同意下，怎么会有权把你的货币按照银行自身的意志用于放贷呢？也许米塞斯本人或米塞斯的拥趸会说银行此时拥有的是货币的使用权。如果是这样的解释，那就是说货币的所有权和使用权可以分离。这与少数派货币理论的立论基石发生了根本的冲突。

"货币只有唯一所有权，不存在双重或多重所有权"和"货币的所有权和使用权不可分离"这两个货币公理，可以说既是货币理论的基石，又是鉴定货币理论正确与否的神器，任何有关货币问题的辩论最后都会回归到这两个公理上来。

关于米塞斯的《货币和信用理论》一书，笔者还想多说一句，该书虽然是货币领域的巨著、研究货币的必读书籍，但并非毫无瑕疵。

比如，米塞斯在书中反复用到了"债权"这个词，英文原版对应"claim"这个单词。书中涉及的"债权"有时不会影响会计记账，有时会影响会计记账，但米塞斯没有区分开来，说白了就是把民法中的"债务"和会计中的"负债"等同起来。举两个例证：

（1）商务印书馆，2015 年樊林洲译本第 275 页，"把一笔货币存入银行，以交换的形式取得一项随时可以兑换货币的债权……以存款得到的债权，对储户来说也是一项现在的商品（意即，不是未来的商品）"。这里的"债权"是民法上的债权，意义很宽泛，此处具体是指货币存入银行，这种行为形成双方的保管关系，银行负有随时将货币返还给储户的责任，关键在于这项债权的产生没有使得双方原有的资产负债表有所改变。

（2）商务印书馆，2015 年樊林洲译本第 280 页，"甲却能够向乙转让一笔三个月到期的债权（意即，是未来的商品），这是甲对丁的债权"。可以看出，此处的"债权"与上面的"债权"有着明显的不同，一个代表现在的商品，另一个代表未来的商品。这里的"债权"发生在甲与丁之间，债权一旦产生，双方资产负债表立刻发生改变，例如，甲对丁的应收账款、甲借钱给丁等。

前人的成果，今人要尊重，但不要盲从。

Q24：少数派货币理论如果真是正确的，那为什么目前只有少数人认同？

A24：这一点也不奇怪。正确的观点往往很简单（比如本书的理论基石只有两个货币公理，之后据此演绎），但是，由于错误观点的预先植入，人们感觉认错这一行为很失面子以及人们不想让原先学习错误观点所花费的时间成为沉没成本，正确的观点从排斥到接受的时间往往非常漫长，同时伴随着无穷的争论。

附录八　多角债务循环

（一）

有这样一个经典的多角债务循环故事：

在一个小镇上，每个人都互相欠债，而且每个人都缺资金无法偿还债务。

这时，来了一位旅客，他进了一家旅馆，拿出1000元钞票放在柜台，说想先看看房间，然后挑一间合适的客房住宿一晚。

就在旅客上楼的时候，店主抓起这1000元钞票，付清了欠屠夫的钱。

屠夫拿了1000元，付清了欠猪农的钱。

猪农拿了1000元，付清了欠果农的钱。

果农拿了1000元，付清了欠裁缝的钱。

裁缝拿了1000元，付清了欠旅馆店主的钱。

旅馆店主收到钱，忙把这1000元放到柜台上，以免旅客下楼时起疑。此时旅客刚好下楼拿起1000元，声称没有一间满意的，并把钱收进口袋，走了。

这一天，没有人生产了什么东西，也没有人得到什么东西，可全镇的债务都清了，大家很开心。

请问：在这个故事中谁有损失了？

（二）

对于这个经典的债务循环问题，网上的解读可谓五花八门：没有任何人损失、店主损失了 1000 元、店主赚了 1000 元、现金要流通才能产生价值等。

以上说法都不对。哪里开始出现问题？就在开始的那一步：店主抓起这 1000 元钞票付清了欠屠夫的钱。

这里的关键点在于，店主是否有权动用旅客放在柜台的钱？这是整个故事的漏洞。

店主不能动用这笔钱！为什么？因为旅客只是去看看旅店的客房，虽然把钱放在了柜台，但并没有向店主购买客房居住服务，因此，这笔钱的所有权依旧属于旅客，店主无权动用。如果店主真的有权动用这笔钱，那为什么店主在收到裁缝的钱之后，需要快速地把这 1000 元放到柜台上，以免旅客下楼时起疑呢？

既然店主动用了他不该动用的钱，那么，在这个故事中，受到损失的就是这笔钱的真正主人——旅客。他受到了什么损失？他损失了利息。

（三）

怎么理解在这个过程中旅客损失了利息？

很简单，假设不存在旅客，店主为了偿还债务，向银行借钱 1000 元，约定利息，银行把钱借给店主，店主把钱偿还给屠夫，之后每个人依次把 1000 元偿还给下一位债主，直到裁缝把 1000 元偿还给店主，店主最后连本带利把钱偿还给银行。但是在原故事中，最终店主只偿还了本金 1000 元，没有利息。把旅客换成银行就很好理解了，是旅客受到损失了，具体而言，是损失了利息。

其实为消除整个债务链条，除了店主之外，其他人也可以向银行借钱，而后逐个偿还下去，但大家都没有这么做。为什么呢？因为这样做，会使得一开始向银行借钱的人比其他人偿还更多的利息，没人愿意为了消除整个债务链条而使自己多付钱。于是，就出现了故事中店主挪用旅客的钱这个现象。

有人损失，则必定有人占了便宜。谁？店主。因为他动用了他不该动用的钱，消除了原本依靠自己无法消除的债务。

（四）

整个故事之所以能"顺畅"地结束，是因为存在一个被人忽视的前提：裁缝必须在旅客下楼之前把钱偿还给店主！

想象一下，如果旅客下楼这一事件先发生了，因为旅客不想住这家旅馆，他必定会向店主要回他的 1000 元，但这时候店主手中没有钱（因为裁缝还没有把钱偿还给他，或者裁缝拿到钱后早已跑路），接下来的事态发展可想而知，旅客一定会大声呵斥："你把我的钱弄哪里去了？"

故事的本质就是店主挪用了原本不属于他的钱（因为店主手中没钱，而且需要用钱，同时身边没有他人发现，所以有挪用的动机），因此受到损失的人是被挪用的这笔钱的真正主人——旅客，店主如果不想使挪用他人钱财这一事件败露，必须确保被挪用的这笔钱在旅客发现之前返回到自己手中，但无法保证这个"确保"一定能够实现，因为这需要整个债务链条上的每一个人都非常守信用，并且偿债速度都非常之快，因此，所谓的"确保"往往只是店主的"祈祷"。

（五）

之所以以这篇文章作为本书的结束，原因在于想让读者再次体会一下货币所有权这个概念在分析经济现象时所起的作用，也算是本书的首尾呼应。

后 记

《少数派货币金融学》是"货币三部曲"中的第三部，前两部是《被忽视的货币真相》和《货币原本》。

本书原先的名字并不是《少数派货币金融学》，而是《新货币金融学》。完成初稿之后，我突然意识到，最初这个书名给人的感觉有点冰冷甚至刻板，于是，思量再三，把"新"改成"少数派"。

其实，"新"和"少数派"都可以体现出本书与市面上其他同类书籍的区别，无论是理论框架、逻辑起点，还是论证方式、观点结论。你如果已看完本书，就可以明显地感受到这一点。

但凡谈到货币，世人本能的感觉就是：货币，太简单啦，比如，一张 100 元的纸币可以换成两张 50 元的纸币，银行卡里的存款余额发生增减……但我相信，此时读完本书的你，再也不会有这种简陋的观念了。

认知出现跨越式的前进是好事，但事情并没有结束，我们需要反思，为什么我们原先对货币的认知会如此粗浅？货币，或者说金钱，是我们一生中接触最为频繁的物件，既然"接触最为频繁"，那么为什么我们总是缺少对货币的思考？

希望此书能抛砖引玉。

董广宇
2024 年 3 月
于上海松江